Raus aus der Konfliktspirale

Andrea Hartmann-Piraudeau

Raus aus der Konfliktspirale

Unsere Konflikte – Und wie wir sie lösen

Andrea Hartmann-Piraudeau
Stuttgart, Deutschland

ISBN 978-3-658-35013-0   ISBN 978-3-658-35014-7   (eBook)
https://doi.org/10.1007/978-3-658-35014-7

Die Deutsche Nationalbibliothek verzeichnet diese Publikation in der Deutschen Nationalbibliografie; detaillierte bibliografische Daten sind im Internet über http://dnb.d-nb.de abrufbar.

© Der/die Herausgeber bzw. der/die Autor(en), exklusiv lizenziert durch Springer Fachmedien Wiesbaden GmbH, ein Teil von Springer Nature 2021
Das Werk einschließlich aller seiner Teile ist urheberrechtlich geschützt. Jede Verwertung, die nicht ausdrücklich vom Urheberrechtsgesetz zugelassen ist, bedarf der vorherigen Zustimmung der Verlage. Das gilt insbesondere für Vervielfältigungen, Bearbeitungen, Übersetzungen, Mikroverfilmungen und die Einspeicherung und Verarbeitung in elektronischen Systemen.
Die Wiedergabe von allgemein beschreibenden Bezeichnungen, Marken, Unternehmensnamen etc. in diesem Werk bedeutet nicht, dass diese frei durch jedermann benutzt werden dürfen. Die Berechtigung zur Benutzung unterliegt, auch ohne gesonderten Hinweis hierzu, den Regeln des Markenrechts. Die Rechte des jeweiligen Zeicheninhabers sind zu beachten.
Der Verlag, die Autoren und die Herausgeber gehen davon aus, dass die Angaben und Informationen in diesem Werk zum Zeitpunkt der Veröffentlichung vollständig und korrekt sind. Weder der Verlag noch die Autoren oder die Herausgeber übernehmen, ausdrücklich oder implizit, Gewähr für den Inhalt des Werkes, etwaige Fehler oder Äußerungen. Der Verlag bleibt im Hinblick auf geografische Zuordnungen und Gebietsbezeichnungen in veröffentlichten Karten und Institutionsadressen neutral.

Planung/Lektorat: Eva Brechtel-Wahl
Springer ist ein Imprint der eingetragenen Gesellschaft Springer Fachmedien Wiesbaden GmbH und ist ein Teil von Springer Nature.
Die Anschrift der Gesellschaft ist: Abraham-Lincoln-Str. 46, 65189 Wiesbaden, Germany

Inhaltsverzeichnis

1	**Einleitung**	1
2	**Das Wesen von Konflikten**	5
	2.1 Konstruktive Konflikte	6
	2.2 Destruktive/ dysfunktionale Konflikte	9
	2.3 Heiße und kalt Konflikte	11
	2.4 Die Eskalation von Konflikten	16
	2.5 Die Aura von Konflikten	20
3	**Konflikttypen**	27
	3.1 Jeder ist anders- Persönlichkeiten	28
	3.2 Welcher Konflikttyp bin ich	39
	3.3 Welche Arten von Konfliktlösungen gibt es	50
4	**Die Konfliktspirale**	63
	4.1 Veränderung im Denken	65
	4.2 Veränderung im Fühlen	69
	4.3 Veränderung im Wollen	72
5	**Konfliktklärung**	79
	5.1 Die Selbstklärung	81
	5.2 Die anderen verstehen	89
	5.3 Frieden schließen	96

1

Einleitung

> **Beispiel**
>
> Die Tür knallt zu. Mit geballten Fäusten in der Tasche stapft Nina in den Garten. Ihr Herz rast, sie atmet laut. Ihre Gesichtshaut spannt, die Backenzähne zusammengebissen. In Ihrem Kopf startet ein Gedanken-Karussell. „Mir reicht es, immer ich soll nachgeben, nicht mit mir…. Jetzt gehe ich rein und sage Johannes, dass ich es satt habe… jetzt denke ich mal an mich… Er wird schon sehen, wo das hinführt… bald ist er alleine, die Kinder braucht er gar nicht mehr zu sehen… dann wird er es bereuen…". Ninas inneres Karussell dreht sich schneller. Zarte Stimmen bremsen die Fahrt: „… Na ja, vielleicht ist es besser, wir vertragen uns wieder…. Denk an die Kinder… Ihr seid doch ein gutes Team… du liebst ihn doch… er meint es nicht so…versetze dich doch mal in seine Lage". Oft haben es die inneren Friedensboten geschafft, das Karussell zu stoppen. Mit jedem Streit jedoch kamen weniger. Diesmal sind Ihre Stimmen dünn- sie werden vertrieben- das Karussell dreht sich weiter. Nina ist in der Konfliktspirale.
>
> „So geht das nicht weiter, gleich platze ich… Wenn er mich noch einmal mit seinem falschen Lächeln anschaut, dann gehe ich ihm an die Gurgel". Martin sitzt im Teammeeting. Er wirkt wie immer. Der Anzug sitzt, frisch rasiert, der Ordner vor sich auf dem Tisch, die Papiere sortiert. Innerlich ist der Vulkan kurz vor dem Ausbruch. Ihm ist warm. Seine Adern an den Schläfen pulsieren. Seine Finger sind kalt und klebrig, sein Brustkorb spannt, sein Herz klopft stark. Er hört nicht mehr, was sein Kollege präsentiert. „Nie mehr, werde ich mit ihm zusammenarbeiten… den mache ich platt… Er wird schon sehen… Ich wusste schon immer, was für ein Idiot er ist, jetzt reicht es… das Fass ist voll". Das Meeting ist zu Ende, Martin verlässt wortlos den Raum. Er setzt sich in sein Büro, Türe zu, Kopfhörer auf. Die Gedanken überschlagen sich. Martin ist in der Konfliktspirale.
>
> Tanja weint. Es wird ihr alles zu viel. Erst der Tod ihrer Eltern und jetzt das. Wir halten zusammen, das hatten sie sich noch am Grab der Mutter geschworen.

> „Zum Glück haben wir uns". „Wie gut, dass Ihr zu dritt seid"- stand in der Trauerkarte – „Geschwister sind wichtig, vor allem wenn es mal schwierig wird im Leben". Und jetzt das. Seit Wochen geht das schon- Streit um Geld, um alte Bücher, Fotoalben, Friedhofspflege. Nichts ist mehr einfach. Gesprochen wird nicht mehr, nur noch geschrieben. Die WhatsApp Gruppe hat der Bruder verlassen. Wenn eine Mail kommt, wird es Tanja eng in der Brust, sie schaut auf den Betreff und braucht Überwindung, sie zu öffnen. Dabei zittern ihre Finger, Tränen schießen ihr in die Augen und ein großer Klumpen steckt in ihrem Hals. Ihre Beine fühlen sich schwach an, ihr ist schwindelig, die Buchstaben verschwimmen. Wieder Vorwürfe. „Das ist so gemein, wie kann sie sagen, dass ich immer bevorzugt wurde von Papa... sie können sich auch mal selbst fragen, warum Papa so streng zu ihnen war, besonders nett waren sie auch nicht.... Mich als verwöhntes Gör zu bezeichnen, ist einfach nur gemein... Ich werde bestimmt nicht nachgeben, wenn sie so mit mir sprechen, ziehe auch ich andere Seiten auf...". Tanjas Backen werden rot, sie wischt sich die Tränen aus dem Gesicht, ihre Füße tänzeln unter dem Schreibtisch, sie öffnet eine neue Mail. Die Finger hacken in die Tasten. Tanja ist in der Konfliktspirale.

Nina, Martin und Tanja sind in der Konfliktspirale und mit Ihnen viele Menschen. Sie stecken in privaten Konflikten, streiten im Beruf oder sind uneins mit sich selbst. Organisationen, Parteien und Länder sind ebenso davon betroffen- sie geraten in den Strudel ihrer Konflikte.

Welche Dynamik nehmen Konflikte an und wie entwickeln sie sich? Was passiert mit uns, wenn wir in die Konfliktspirale eintreten. Wie verändert sich unser Denken, unsere Sicht auf die Dinge und unsere Interessen? Was macht der Konflikt mit uns und wie kommen wir wieder heraus aus dem Strudel? Darüber handelt dieses Buch.

Es basiert auf wissenschaftlichen Erkenntnissen aus der Psychologie und der Konfliktforschung. Um die Verhaltensweisen anschaulich zu machen, werde ich anonymisiert von echten Fällen aus meiner Praxis berichten. Ich bin Mediatorin und Expertin für Konflikte und beobachte seit Jahren, wie Menschen und Organisationen mit Konflikten umgehen und wie sie es in den meisten Fällen schaffen, ihre Konfliktspiralen zu verlassen.

Wir sind, dass weiß die Psychologie schon lange, keine rationalen Wesen. Wir handeln nicht nüchtern und sachlich. Unser Verhalten ist von vielen Faktoren beeinflusst, Gefühle spielen eine Rolle, jedoch auch psychologische Mechanismen und Muster, die uns nicht bewusst sind. Je tiefer wir in einem Konflikt stecken, desto stärker übernehmen „andere" das Ruder. Die „andere" sind unsere inneren Stimmen, unsere körperlichen Reaktionen, veränderte Gefühle und auch Schutzfunktionen unseres Gehirns, die jetzt das Sagen haben. Der Konflikt hat uns- nicht mehr wir steuern, sondern wir werden gesteuert. Zu verstehen, wer uns steuert und wie wir das Steuerrad zurückerobern, hilft uns bei der Klärung von Konflikten. Der eigenen und derer von anderen.

Im ersten Teil geht es darum, das *Wesen* von Konflikten zu verstehen.

- Was ist überhaupt ein Konflikt?
- Welche Konflikte gibt es?
- Wo treten sie auf?
- Welche Dynamik haben sie?

Das ist die Grundlage.

- Welchen Einfluss hat unser Verhalten?
- Welche Unterschiede in der Konfliktbewältigung zeigen verschiedenen Persönlichkeitstypen?
- Welche Konfliktlösungsstrategien gibt es?

Das wird im zweiten Teil beschrieben.

Der dritte Teil handelt von der Konfliktspirale und Konfliktklärung:

- Was passiert mit uns, wenn wir einen Konflikt haben?
- Wie handeln wir im Konflikt?
- Und wie kommen wir wieder heraus aus der Spirale?

2

Das Wesen von Konflikten

Was ist es eigentlich, was wir Konflikt nennen? Viele Konfliktforscher haben Definitionen entwickelt und Konflikte beschrieben. Ich werde später ein paar ausgewählte herausgreifen. Zuerst jedoch möchte ich Sie in die Wüste entführen. Wir sind nicht allein, Jim Knopf und Lukas der Lokomotivführer sind bereits dort angekommen. Die beiden Helden aus Michael Endes bekanntem Romans reisen mit einer Lokomotive durch unbekannte Welten. Ein Weg führt sie in die Wüste ‚an das Ende der Welt'. Wie sie so vor sich hinreisen, erscheint ganz plötzlich eine Riese am Horizont. Die beiden erschrecken fürchterlich. Jim Knopf und Lukas der Lokomotivführer rennen um ihr Leben. In die andere Richtung, weg vom Riesen, der ihnen Angst macht. Nach einiger Zeit halten Sie inne, außer Puste wagen sie einen Blick über ihre Schulter. Doch zu ihrem großen Erschrecken ist der Riese nicht etwa kleiner am Horizont geworden, sondern noch viel größer. Sie weichen zurück, Angst erfüllt schauen Sie dem Riesen ins Gesicht und laufen rückwärts. Dabei sehen sie, je weiter sie sich entfernen, desto größer wird der Riese. Der kleine Jim Knopf ist außer sich vor Angst, der erfahrene Lukas bleibt schließlich stehen und überlegt. Flüchten scheint nicht zu funktionieren. Mutig heben sie ihre Blicke und schauen dem Riesen vorsichtig in die Augen. So schrecklich sieht der eigentlich gar nicht aus. Lächelt er? Lukas nimmt sich ein Herz und winkt sein weißes Taschentuch zum Zeichen seiner friedlichen Absicht und in der Hoffnung, dass der Riese diese teilt. Langsam kommt der Riese näher – er läuft mit großen Schritten direkt auf sie zu. Was dann passiert gleicht einem Wunder: je näher sie zueinanderkommen, desto kleiner wird der Riese. Als er dicht vor ihnen stehen, begegnen sie einem alten, freundlichen Herrn mit dem Namen Tur-Tur. Herr Tur-Tur erzählt ihnen seine Geschichte und sie werden Freunde. Herr Tur-Tur ist ein *Scheinriese*.[1]

Konflikte sind es häufig auch: *Scheinriesen*. Meistens treten sie plötzlich auf oder völlig unerwartet. Sie türmen sich vor uns auf wie Berge. Wir bekommen Angst, wir fühlen uns unwohl und tun das, was wir in solchen Situationen zu unserem Schutz intuitiv tun: wir flüchten. Auf der Flucht stellen wir jedoch fest, dass die Konflikte nicht kleiner werden. Meistens werden sie größer. Wir haben das Gefühl, sie verfolgen uns. Wir können sie nicht abschütteln, sie beschatten unser Leben. Erst wenn wir ihnen ins Gesicht schauen. Wenn wir uns mit ihnen auseinandersetzen, werden sie für uns erfassbar. Wir erkennen ihr Wesen, wir verstehen vielleicht, woher sie kommen. Wenn wir uns mit ihnen auseinandersetzen und die Möglichkeit haben Frieden zu schließen, werden sie oft zu wichtigen Lebensbegleitern für uns. Wir lernen von überstandenen Konflikten. Es tun sich neue Wege auf, die wir davor so nicht gesehen hätten.

> Wenn Sie sich einmal Zeit nehmen und kurz an ihren letzten befriedeten Konflikt denken. Sehen Sie, welche positive Seiten dieser Konflikt hatte?

Konflikte bedeuten neutral gesehen Entwicklung. Gäbe es keine Konflikte, gäbe es keine Entwicklung. Nicht in uns und nicht in der Gesellschaft. Jedoch gibt es konstruktive, „gesunde" Wege und destruktive, schwierige Pfade der Konfliktaustragung. Um das zu begreifen, werde ich im nächsten Kapitel auf verschiedene Konfliktarten näher eingehen.

2.1 Konstruktive Konflikte

Ohne Konflikte gäbe es keine Entwicklung. Das klingt erst einmal fremd in unseren Ohren. Um diesen Gedanken zu verstehen hilft es, Konflikte einmal nüchtern zu betrachten. Ein Konflikt entsteht durch einen Interessensgegensatz. Zwei Menschen, zwei Teams, mehrere Länder, unterschiedliche Organisationen haben unterschiedliche Bedürfnisse, die sich in Interessen ausdrücken. Diese unterschiedlichen Interessen werden in der Regel zwischen den Beteiligten ausgehandelt. Das passiert in unserem Alltag in vielen kleinen

---

[1] Frei nacherzählt nach Ende, Michael: Jim Knopf und Lukas der Lokomotivführer. 1999.

Momenten und auf der politischen Bühne des Weltgeschehens z. B. in großen jahrelangen Verhandlungsprozessen.

> **Beispiel**
>
> *Johanna und ihr Mann möchten essen gehen. Johanna liebt leichte Gerichte, ihr Mann Marc isst gerne deftig. Das Restaurant Gemüsegarten um die Ecke bietet eine Küche ganz nach Johannas Geschmack. Zum fetten Ochsen am Ende der Straße ist das Lieblingsrestaurant ihres Mannes. Sie haben unterschiedliche Bedürfnisse. Auch wenn sie nicht streiten und am Ende des Abends gemeinsam einen schönen Abend im Restaurant verbringen werden, ist dies ein Konflikt. Die beiden handeln ihre Interessen aus. Vielleicht gehen sie heute hier und demnächst dort essen, kochen sich lieber etwas, bestellen bei beiden Restaurants oder machen etwas ganz Anderes. Keiner der beiden wird am Ende des Abends ein bedrückendes Gefühl empfinden. Der Konflikt hat zu einer Lösung führt, bei der im besten Fall beide Interessen Berücksichtigung gefunden haben- ein alltäglicher Aushandlungsprozess, bei dem zwei unterschiedliche Interesse zu einer gemeinsamen, neuen Lösung führen.*

In der Wissenschaft sind Konflikte wichtige Innovatoren. Unterschiedliche Ideen und Meinungen zu einem Thema beflügeln die Tiefe der Diskussion. Gäbe es keine unterschiedlichen Interessen, wären also immer alle einer Meinung und hätten keine Gegenmeinungen, dann wäre es bequem, beim erstbesten (Gedanken-) Modell zu bleiben. Eine Entwicklungsabteilung eines Unternehmens ist gut beraten, Konflikte zu fördern.

Wenn wir an gesellschaftliche Interessenskonflikte denken, dann sind das beispielsweise Arbeitgeber- /Arbeitnehmerkonflikte, Konflikte zur Gleichstellung oder Konflikte zwischen Generationen. Diese Bereiche sind mit intensiven Aushandlungsprozessen verbunden. Dank vieler Konflikte, die Interessensunterschiede widerspiegeln, entwickelt sich unsere Gesellschaft immer weiter. Auch die aktuelle Klimadebatte ist geprägt von unterschiedlichen Interessen und Vertretern dieser Interessen. Kompliziert und langwierig ist die Lösungsfindung bei solchen globalen Interessensunterschieden. Diese Komplexität, die durch zahlreiche unterschiedliche Interessen entsteht, ist gleichzeitig die Quelle der Lösungen. Unterschiedliche Meinungen bilden die Basis, damit es überhaupt zu Dialogprozessen kommt und Zukunft gestaltet wird.

In der Wissenschaft werden dies Konflikte als funktional oder produktiv bezeichnet. Sie erfüllen einen Zweck, sie sind notwendige Voraussetzungen von Veränderungen, Erneuerungen, Reformen und Fortschritt. Produktiv beschreibt dabei die Qualität, dass etwas Neues durch Konflikte entsteht.

Den meisten Menschen fällt diese positive Sicht auf Konflikte schwer. Wir verbinden mit Konflikten meist negative Gefühle. Konflikte als produktiv, zu Neuem führend, als Innovationsmotoren begreifen, bedarf eines Perspektivwechsels. In meiner Mediationspraxis arbeite ich mit Menschen, die ihre Konflikte klären möchten. Am Ende einer jeden Klärung stelle ich den Beteiligten die Frage, was ihnen ihr Konflikt gezeigt hat. Welche positiven Erkenntnisse oder Wege der Konflikt für sie eröffnet hat.

Die Antwort einer Klientin hat mich berührt:

> **Beispiel**
>
> *Es war ein Erbkonflikt. Zwei Schwestern schafften es nicht ohne Streit, das Erbe der Eltern aufzuteilen. Das Geld war nicht das Problem. Es ging um das elterliche Haus, um Erinnerungs-Stücke und einen Hund. In der Mediation stellte sich schon bald heraus, dass der Konflikt über die Gegenstände und den Hund, Stellvertreter für tiefer gelegene Konflikte über Anerkennung, Wertschätzung, Gerechtigkeit und Rollen in der Familie waren. Die beiden Schwestern hatten seit zehn Jahren keinen Kontakt miteinander, die Auseinandersetzungen im Vorfeld der Mediation verliefen hitzig und beide fühlten sich von der anderen verletzt. Dementsprechend schwierig war es für beide, in dieser Situation wieder miteinander ins Gespräch zu kommen. In der Mediation schafften sie es, sich zu öffnen und über diese tiefliegenden Thematiken miteinander zu sprechen. Das Haus, der Hund und die Erinnerungsstücke wurden zu Nebenthemen. Es wurde viel geweint. Erst allein, dann gemeinsam. Irgendwann konnten sich die Schwestern in die Augen schauen. Im Laufe der Mediation haben sie sich besser verstanden, sogar getröstet haben sie sich und dabei das Seil der geschwisterlichen Verbindung ganz behutsam wieder geknüpft. Am Ende fragte ich die beiden, was denn an diesem Konflikt über das Erbe der Eltern, der beiden monatelange schlaflose Nächte, Schmerz und Tränen bereitet hatte, das Gute war. Nach einer ganzen Weile Stille sagte die eine Schwester: „Ich habe meine Schwester zurückgefunden und das ist für mich ein großes Geschenk." Die andere konnte vor Tränen der Rührung nicht mehr sprechen und kam um den Tisch herum, nannte die Schwester mit dem Kosenamen ihrer Kindheit und umarmte sie.*

Es muss nicht immer so essenziell sein, manchmal fällt es uns schwer zu erkennen, was das Gute am Konflikt war. Es sind Erkenntnisse über uns selbst, die wir mitnehmen: Wie wir in Zukunft mit Situationen umgehen wollen? Wo unsere Grenzen liegen? Was wir wirklich schätzen? Oder was mit uns passiert, wenn wir in Konflikten stecken?

Jedoch, selbst, wenn wir schon mal erlebt haben, dass ein Konflikt etwas Gutes in unserem Leben bewirkt hat, freuen wir uns nicht über neue Konflikte. Wir empfinden Konflikte in der Regel als belastend. Wenn der Konfliktriese vor uns auftaucht, dann rennen wir am liebsten weg.

2.2 Destruktive/ dysfunktionale Konflikte

Der Konflikt taucht auf und wir flüchten. Das ist eine typische erste Reaktion, die durchaus ihren Sinn hat. Vermeidung ist eine mögliche Lösungsstrategie. Wie passend oder unpassend sie für den aktuellen Konfliktfall ist, muss in der Situation bewertet werden. Wenn wir an unsere Vorfahren denken, dann gab es dort einen alltäglichen Konflikt. Auf der Suche nach etwas Essbarem, kommt ein wildes Tier. Der Tiger hat in der Regel ein einfaches Bedürfnis: Hunger. Der Mensch hat in dieser Situation auch ein naheliegendes Interesse: Überleben. Wegzurennen war in diesem Fall eine gute Alternative. Auch Vernichtung steht auf der Liste der Methoden zur Konfliktlösung. Ein paar hundert Jahre später, haben die Menschen in dieser Situation nicht mehr ihren Sprintfähigkeiten vertraut, sondern moderne Technik benutzt und das wilde Tier erschossen. Dies ist ein Beispiel, das moralisch nicht kompliziert ist. Es gibt jedoch andere, weniger eindeutige Konstellationen.

Die allermeisten destruktiven, dysfunktionalen Konflikte tun weh. Das können kleine vorübergehende Störungen unseres Wohlbefindens sein, sich jedoch zu manifesten psychosomatischen Symptomen entwickeln. Neurologen haben herausgefunden, dass in Situationen des sozialen Unwohlseins – zum Beispiel durch einen Konflikt oder durch Ausgrenzung hervorgerufen – dieselben schmerzverarbeitenden Areale im Gehirn angesprochen werden, die auch aktiv sind, wenn man körperliche Schmerzen erlebt. Es entsteht ein „Konflikt Schmerz".

Menschen, die in emotionalen und aufreibenden Konflikten stecken, berichten von unterschiedlichen Beschwerden: z. B. Schlaflosigkeit, Kopfschmerzen, Unkonzentriertheit, Niedergeschlagenheit, Verwirrtheit, verstärkte Schübe existierender chronischer Krankheiten.

Ab wann aber ist ein Konflikt nicht mehr hilfreich und willkommen, sondern belastend? Damit haben sich viele Konfliktforscher in ihrer Definition von Konflikten beschäftigt. Übereinstimmend wird ein Konflikt als ein Interessenunterschied beschrieben, in dem sich mindestens **eine Person** beeinträchtigt fühlt und die jeweils bevorzugten **Handlungsoptionen** nicht **gleichzeitig realisierbar sind** oder **erscheinen**.

Denken wir an dieser Stelle noch einmal an unsere Vorfahren und das wilde Tier. Der Mensch fühlt sich in der Situation beeinträchtigt, da er nicht weiter seinem Plan (der Essenssuche) nachgehen kann und Angst bekommt. Die bevorzugte Handlungsoption von diesem Menschen wäre, ungestört und unbehelligt Nahrung zu besorgen, da aber die bevorzugte Handlungsoption des wilden Tiers ist, seinen Magen zu füllen, scheinen diese nicht gleichzeitig realisierbar zu sein.

Der Begriff Konflikt kommt aus dem lateinischen „conflictus" und bedeutet so viel wie Zusammenstoß. Dieser Zusammenstoß betrifft hauptsächlich die Ebene der Interessen und Bedürfnisse. Ein Konflikt kann als soziale Interaktion zwischen Individuen, Gruppen oder auch Organisationen gesehen werden. Interessant ist der Hinweis darauf, dass schon, wenn sich eine Person beeinträchtigt fühlt, ein Konflikt vorliegt.

Häufig beobachte ich diese Konstellation bei Teamkonflikten: Eine Person fühlt sich nicht mehr wohl im beruflichen Team. Fühlt sich ausgegrenzt von anderen Kollegen, ist der Meinung, seine Interessen werden nicht mehr gehört und zieht sich zurück. Diese Person fühlt einen Konflikt.

> **Beispiel**
>
> *So ist das auch im Team von Herrn Meier passiert: Herr Meier ist der Teamleiter eines IT Teams. Herr Thoma ist der Mitarbeiter, der leidet, weil er sich ausgegrenzt fühlt. Herr Thoma ist im Konflikt. Und dies schon seit einer längeren Zeit. Er hat sich nach einiger Überwindung an seinen Teamleiter Herrn Meier gewandt und ihm erklärt, wie er sich fühlt und dass ihm die Situation zu schaffen macht. Das Team besteht aus vier weiteren Kollegen. Herr Meier als Führungskraft sieht es als seine Aufgabe, diesen Konflikt zu klären. Deshalb spricht er mit den drei anderen Kollegen. Alle drei Kollegen reagieren überrascht und versichern, sie haben kein Problem mit Herrn Thoma und auch keinen Konflikt. Herr Meier freut sich über diese „gute Nachricht" und teilt diese sogleich Herrn Thoma mit. Am nächsten Tag ist Herr Thoma krank. Als er nach längerer Abwesenheit wieder ins Büro kommt, wirkt er verunsichert und sensibel. Er fehlt öfter als früher. Seine Arbeit erledigt er langsamer und seine bedrückte Stimmung strahlt auf die Kollegen ab. Herr Meier befürchtet, Herrn Thoma als wertvollen Experten zu verlieren. Er kontaktiert mich mit der Frage: gibt es das, einen Konflikt, den nur einer spürt?*

Ja, das gibt es und das ist wichtiger Teil der Konfliktdefinition und des Konfliktverständnisses. Wir erinnern uns noch einmal: **wenn sich einer in seinem in seinem Denken, Fühlen oder Wollen beeinträchtigt fühlt, dann liegt ein Konflikt vor.** Wenn ein Konflikt vorliegt, dann lohnt es sich auch, diesen zu bearbeiten und zu lösen, bevor er eskaliert. Vor allem wenn die Konstellation so ist, dass die Personen oder Gruppen, die in einer Interessenskollision stehen, voneinander abhängen, einander nicht aus dem Weg gehen können oder unter Einigungszwang stehen. Das kann man für Arbeitsteams wie auch für die meisten Familienkonstellationen so annehmen. Hier ist Wegrennen keine gute Option, denn Konflikte entwickeln eine eigene Dynamik, von der Sie später mehr erfahren.

Zurück zu Herr Meier und seinem Team:

> **Beispiel**
>
> *Herr Meier, so hat er das später selbst reflektiert, war froh, als er von den drei Kollegen von Herrn Thoma erfuhr, dass sie keinen Konflikt haben. Sein Schluss war: also ist doch alles gut. Er war erleichtert, sich nicht weiter mit diesen „emotionalen" Themen beschäftigen zu müssen und war der festen Annahme, dass auch Herr Thoma durch diese Nachricht, seine Empfindung verändert und beruhigt sei. Für Herrn Thoma jedoch war diese Analyse seines Vorgesetzten niederschmetternd: sein Gefühl der Ausgrenzung verstärkte sich. Er hinterfragte seine Wahrnehmung, sein Gedankenkarussell wurde schneller, er konnte sich nicht mehr konzentrieren, wurde unsicher gegenüber den Kollegen, die so taten, als wäre nichts gewesen und er fühlte Scham, gegenüber dem Chef, der Denken könnte, er wolle Streit stiften. Die Dinge verschlechterten sich, er wurde krank und überlegte mehrmals zu kündigen. Als Herr Meier und sein Team sich zur Mediation entschieden, wurde Mehreres klar. Die drei Kollegen hatten sehr wohl das Gefühl, dass etwas schon länger nicht stimmt. Auch sie wollten jedoch der Aussprache aus dem Weg gehen. Und die drei sind andere Typen als Herr Thoma, der sich viele Gedanken über soziale Kontakte macht und zu Selbstzweifeln neigt. Im offenen Gespräch konnte der eigentliche Konflikt (es ging um Arbeitsaufteilung und Verantwortungsübernahme) geklärt werden und auch die Tatsache, dass es eben doch nicht nur einer war, der den Konflikt empfand.*

Auch dysfunktionale Konflikte können durch Klärung zu konstruktiven Konflikten umgewandelt werden. Die Tatsache aber, dass sie auf den Weg dorthin häufig mit Verletzungen, Schmerzen verbunden sind und im akuten Zustand viel Platz in unserem Denken und Fühlen einnehmen, macht sie zu Schreckensriesen.

2.3 Heiße und kalt Konflikte

Es gibt noch eine weitere Einteilung von Konflikten, die ebenfalls auf zwei Polen liegen: Die Temperatur von Konflikten. Bei Konflikten von Temperatur zusprechen mag auf den ersten Blick befremdlich klingen.

Diese Kategorisierung wird tatsächlich in der Konfliktforschung so verwendet und hat sich als sehr anschaulich erwiesen. Bei dieser Einordnung geht es unter anderem darum, die Qualität der Konflikte genauer zu beschreiben, um daraus Rückschlüsse auf die bestmögliche Klärungs-Methode zu finden.

‚Heiße Konflikte', das ist schon fast selbst sprechend. Es handelt sich um Konflikte, die meistens akut sind. „Die Gemüter sind erhitzt", „die Atmosphäre ist angespannt", „es fühlt sich an, wie kurz vor der Explosion", „ich platze gleich", „mir es der Geduldsfaden gerissen" … Das sind typische Beschreibungen von und über Menschen, die in heißen Konflikten stecken. Es wird geschrien, geweint, wir sehen rote Gesichter. Ärger und Wut spielen eine Rolle aber auch Verzweiflung, Traurigkeit und Verletztheit können Emotionen eines heißen Konfliktes sein. Wenn wir in einen Raum kommen, in dem sich Menschen streiten, dann spüren wir, wenn die Stimmung aufgeheizt, angespannt und aggressiv ist. Es handelt sich dann vermutlich, um einen heißen Konflikt. Wenn wir mit Menschen über deren Konflikte sprechen und sie dabei emotional werden, in Rage kommen und unruhig sind, dann handelt es sich sehr wahrscheinlich auch um einen heißen Konflikt.

Ganz im Gegensatz dazu der kalte Konflikt:

> **Beispiel**
>
> *Wir kommen in einen Raum, hier arbeiten die Mitarbeiter einer Filiale einer Bank. Die Stimmung ist ruhig. Keiner spricht miteinander. Die Bildschirme, Kaffeetassen, vereinzelten Blumentöpfe und Leitzordner bilden kleine Festungen um den Arbeitsplatz eines jeden. Eine konzentrierte Arbeitsatmosphäre, könnte man denken. Ein Kunde kommt, keiner steht auf. Nach einigen Minuten stöhnt Frau Sanders murmelt vor sich hin: „Immer ich" und geht mürrisch an den Kundenschalter. „Ja, immer du" zischt Herr Stiel aus einer anderen Ecke. Frau Jahn verdreht die Augen. Danach herrscht wieder Schweigen. Um 16:00 Uhr packt Herr Stiel seine Tasche murmelt so etwas wie „Tschüss" und verlässt ohne weiteren Kommentar den Raum, bald darauf folgen die beiden anderen.*

Als Beobachter spüren wir, es handelt sich nicht um eine konzentrierte Arbeitsatmosphäre, sondern eine außergewöhnliche Kälte. Gram, Zynismus, beleidigt sein, Rückzug, Missgunst, solche Qualitäten haben die Gefühle in einem kalten Konflikt. Es wird nicht viel bis gar nicht miteinander gesprochen, Körper und Augenkontakt werden vermieden, die Minen sind eingefroren, gelacht wird wenig und schon gar nicht zusammen. Was ist hier passiert in der Filiale der Bank einer Kleinstadt und bei anderen kalten Konflikten?

Häufig haben sie sich aus heißen Konflikten entwickelt. Irgendwann gab es einen Anlass, der einen oder mehrere Beteiligte verstimmt hat. Aus dieser Verstimmung entstand eine Verhärtung. Aus dieser Verhärtung wurde ein Streit. Eine Konfliktspirale, über die wir später mehr erfahren, wurde in Gang gesetzt. Zu Beginn waren alle Beteiligten sehr aufgeregt, sie haben laut diskutiert, den Konflikt zu Hause besprochen und davon geträumt. Geklärt wurde dieser Konflikt jedoch nie. Im Fall der Bank liegt sein Ursprung zehn Jahre zurück.

Heiße Konflikte, das zeigt die Erfahrung, sind für die Beteiligten einfacher zu klären. Die Streitenden sind in diesem Moment noch nahe dran an ihren Emotionen. Sie können in der Regel ausdrücken, was sie empfinden. Sie können sich daran erinnern, wann und wo der Konflikt begann, und sie haben eine akute emotionale Belastung, von der sich die meisten Menschen wünschen, diese loszuwerden. Die kalten Konflikte sind dicke Eisberge. Über die Jahre haben sich die ursprünglichen Themen mit vielen Schichten anderer Befindlichkeiten zugedeckt. Der Kern liegt weit unten, oft vergraben und häufig für die Beteiligten schwierig zu erreichen. Während einer Klärung gibt es bei diesen Konflikten in den meisten Fällen große Unterschiede in den Konfliktgeschichten. Gegenseitig werfen sich die Parteien dann vor, die Unwahrheit zu sagen. Doch darum geht es nicht: die Geschichten, zum Beispiel wie der Konflikt anfing und an welchen Stellen er besonders belastend wurde, wird von den Menschen unterschiedlich erlebt und abgespeichert. Jeder hat eine andere Wahrnehmung über die Geschehnisse und gibt diese entsprechend anders wieder. Wir nennen das den *Konstruktivismus*. Es bezeichnet die Tatsache, dass wir uns unsere Realität selbst konstruieren.

> Denken Sie einmal an ein Haus in einem Garten! Malen Sie dieses Haus in ihren Gedanken.

Wenn ich sie jetzt bitten würde ihre Assoziation von einem Haus in einem Garten mir zu schicken und ich alle Gemälde aller Leser nebeneinanderlegen würde, würde eine bunte Stadt entstehen. Mit großen wilden Parks und kleinen schiefen Hexenhäusern neben Tannenbäumen, von Hochhäusern mit einem Vorgarten über Berghütten neben kahlen Felsen. Sie haben sich ihr Bild konstruiert und keines der Bilder ist richtiger oder falscher als ein anderes. So ist es auch mit den Betrachtungen eines Konflikts. Jeder der Beteiligten hat eine andere Sicht darauf. Diese andere

Sicht ist nicht, wie oft in hitzigen Gesprächen vorgeworfen wird, eine Verdrehung der Tatsachen, eine Lüge oder gar eine Wahrnehmungsstörung. Nein, sie ist menschlich und hängt mit unserem individuellen Erleben und Wahrnehmen zusammen. Diese Wahrnehmung ist u. a. beeinflusst von unserer Sozialisation, von unseren Erlebnissen oder von unserer sich im Laufe des Lebens entwickelten Weltsicht.

Zurück zu den kalten Konflikten, besonders bei diesen fällt es den Streitenden schwer, an die eigene Quelle des Konflikts zu kommen. Warum hat der Streit damals angefangen? Was hat mich getroffen? Welche Gefühle hatte ich und wie haben sie sich über den Lauf der Zeit verändert?

Für eine Konfliktklärung halte ich es für notwendig, an diese tieferen Schichten, an den Ausgangspunkt des Konfliktes zu kommen. Bei Eisbergen muss man tiefer bohren. Das bedeutet in Konfliktklärung häufig, dass Klärungen länger dauern und dass Eisschichten zur eigenen Offenheit, mit dem anderen überhaupt in Kontakt treten zu wollen, aufgebrochen werden müssen.

Auch wenn heiße Konflikte einfacher zu klären sind, werden diese häufig nicht geklärt. Über die Zeit werden sie zu kalten Konflikten. Es gibt unterschiedliche Gründe, warum sich Menschen dann entscheiden, nach vielen Jahren einen Konflikt zu klären. Im Falle der Bankangestellten war so, dass immer mehr Kundenbeschwerden zum Teamleiter kamen: *„Die Angestellten würden immer grummeliger werden, die Stimmung sei so schlecht."*

Erst die im Raum stehende Gefahr, Kunden zu verlieren, veranlasste das Team, eine Konfliktklärung zu beginnen.

Warum viele heiße Konflikte nicht geklärt werden, ist verständlich. Die Stimmung von heißen Konflikten, macht uns Angst. Zudem haben wir gerade am Arbeitsplatz häufig die gute Hoffnung, ‚das wird sich schon alles beruhigen'. Selten funktioniert das, häufig nicht. Dazu später mehr, bei der Dynamik von Konflikten.

> **Beispiel**
>
> *Ich erinnere mich an Herrn Jansen, Projektleiter eines Expertenteams in der Chemieindustrie. Herr Jansen rief mich an, er war sehr aufgeregt. An diesem Vormittag leitete er ein Team-Meeting seines Expertenteams zu einem, wie er es nannte, sehr wichtigem und zeitlich kritischem Projekt. Im Meeting explodierte für ihn völlig unerwartet die Stimmung. Zwei der Experten schrien sich an, ein Dritter mischte sich ein und zwei weitere verließen wortlos den Raum. Herr Jansen versuchte Ruhe in das Meeting zu bringen, konnte*

die Streitenden aber nicht beruhigen. Er sah keine andere Möglichkeit, als das Meeting abzubrechen und selbst den Raum zu verlassen. Die beiden Streitenden gingen kurz nach ihm. Zurück in seinem Büro war Herr Jansen nach eigener Aussage sehr irritiert, über den Inhalt der Auseinandersetzung, wütend, dass die Situation so eskaliert ist und unzufrieden mit sich selbst, dass er es nicht geschafft hat, den Streit abzukühlen. Er sagt mir, dass dies nicht ein spontaner Konflikt war, sondern der Ausbruch sich anfühlte, wie ein Fass, das übergelaufen war. Herr Jansen setzte sich kurz nach dem Meeting an den Computer, um eine Einladung an die Kollegen zu schicken, für die Fortführung des Gesprächs. Auf meine Frage, ob er diese besondere Situation, in der das Meeting auseinandergegangen ist, thematisiert habe, antwortete er sofort: Natürlich! Er habe in der Mail an die Kollegen geschrieben, dass es ein nächstes Meeting zu diesem Thema gibt, da das heutige Meeting nicht produktiv war aus bekannten Gründen und er auf diesem Wege den Kollegen mitteilen möchte, dass er erwarte, dass beim nächsten Meeting auf der Sachebene diskutiert wird und emotionale Ausbrüche und Konflikte wie heute bitte vermieden werden. Von mir wollte er wissen, ob sein Vorgehen so o. k. sei und ob ich einen Tipp für ihn habe, wie er diese Konflikte aus den Meetings heraushalten könne, falls sie wieder auftauchen.

Für Herrn Jansen war diese Situation persönlich schwierig. Er ist ein ruhiger analytischer Typ, und eher ein Konfliktvermeider. Der Konflikt hat starkes Unwohlsein bei ihm ausgelöst und seine Reaktion war ‚wegzurennen'. Er hat sich in sein Büro zurückgezogen und per E-Mail kommuniziert, ein Medium, das durch die fehlende direkte Rückmeldung des anderen, gerne in schwierigen Kommunikationssituationen eingesetzt wird. Seine Botschaften waren: Das Meeting war nicht produktiv. Wir müssen weiterarbeiten. Bitte bleiben Sie sachlich!

Von dem Konflikt wollte er am liebsten nichts mehr hören. Herr Jansen ist ein schlauer und reflektierter Mann und schon während wir am Telefon sprachen, kam er auf den Gedanken, dass es vielleicht keine gute Strategie ist, den Konflikt ‚unter den Teppich zu kehren'. Ich habe ihn dieser Reflexion bekräftigt und ihm von heißen und kalten Konflikten erzählt. Da Herr Jansen von Anfang an beobachtet hatte, dass dies kein spontaner Wutanfall eines Kollegen war, der sich nach einer Nacht darüber schlafen beruhigen würde, sondern hier ein Fass zum Überlaufen gekommen ist, ist es höchste Zeit, diesen Konflikt offen zu thematisieren. Geschieht dies hier nicht, ist die Gefahr groß, dass der Konflikt einfriert und mit ihm die Dynamik und die Effizienz seines Teams. Herr Jansen hat seine Einladung zum nächsten Meeting verändert. Er hat es geschafft, mit seinem Team über den Konflikt zu sprechen und den Beteiligten den Raum gegeben, ihre Perspektiven darzustellen. Nach anfänglicher Unsicherheit wurde das Gespräch sehr offen und dankend von den Kollegen angenommen. Herr Jansen führt seitdem regelmäßig Teamgespräche über die Zusammenarbeit und lernt nach und nach, dem Konfliktriesen aktiv entgegenzutreten.

2.4 Die Eskalation von Konflikten

Wenn wir über die Eskalation von Konflikten sprechen, hilft es, sich nochmals Herrn Tur-Tur den Scheinriesen vorzustellen. Je weiter die Betrachter von ihm weglaufen, desto größer und bedrohlicher wird er.

Konflikte haben die Dynamik zu eskalieren. Friedrich Glasl ein bekannter Konfliktforscher aus Österreich hat sich mit diesem Phänomen langjährig beschäftigt. Er klassifiziert eskalierende Konflikte anhand von „Konfliktstufen"[2]. Auf jeder Stufe wird der Konflikt schlimmer. Während zu Beginn einer auftretenden Unstimmigkeit Gespräche untereinander helfen, diese beizulegen, wird dies je weiter der Konflikt die Treppe hinuntersteigt unwahrscheinliche. Das Besondere bei eskalierenden Konflikten ist das Phänomen, dass die Konfliktbeteiligten mit der Zeit ihre eigentlichen Ziele und eigenen Interessen aus dem Auge verlieren. Irgendwann geht es den Beteiligten vorrangig darum, den anderen zu schaden, als die ursprünglichen eigenen Interessen zu verfolgen. Ein wenig liest sich diese Klassifizierung des Eskalationsgrades von Konflikten nach Glasl wie ein Krimi:

Es beginnt harmlos: Erste Spannungen treten auf bei gelegentlichem Aufeinandertreffen von unterschiedlichen Meinungen. Zu diesem Zeitpunkt nehmen die Beteiligten ihre Interaktion noch nicht als Konflikt war. Es sind alltägliche Interessensunterschiede, die sich wieder auflösen können. Wenn sich dieser harmlose Konflikt jedoch verhärtet, werden die Meinungen fundamentaler. Argumente werden emotionaler hervorgebracht und die Stimmung der Beteiligten ist spürbar gedämpft. Der Konflikt könnte tiefere Ursachen haben.

Auf der nächsten Stufe überlegen sich die Konfliktparteien Strategien, um den anderen von ihren Argumenten zu überzeugen. Die harmlosen Meinungsverschiedenheiten von vorhin führen jetzt zu einem Streit. Man möchte den anderen unter Druck setzen. In der eigenen Wahrnehmung entsteht ein schwarz- weiß Bild. Die eigene Überzeugung wächst, dass das was man selbst denkt, richtig ist. Die Argumente des anderen werden immer häufig als unrichtig und falsch bewertet. Es entstehen Debatten, die zunehmend polemisch geführt werden.

Dann folgen Taten statt Worte. Die Streitenden erhöhen den Druck auf den anderen, um sich oder die eigene Meinung durchzusetzen. Dabei werden zum Beispiel Gespräche abgebrochen, der Ton wird lauter. Die Stimmung

---

[2] Glasl, F. (1992), Konfliktmanagement: ein Handbuch zur Diagnose und Behandlung von Konflikten für Organisationen und ihre Berater. 3. Auflage, Stuttgart: Verlag Freies Geistesleben. S. 218 f.

und Begegnungen auch außerhalb der Konflikt- Diskussionen werden kühler. Vermeiden ist eine Strategie, Angriff und Aggression eine andere. In dieser Phase findet häufig wenig verbale Kommunikation statt. Der Konflikt verschärft sich schnell. Das Mitgefühl für den anderen geht verloren und wir sehen uns immer stärker in der Rolle des Guten, während wir dem Anderen böse Absichten unterstellen.

Bis hierhin gibt es noch einen Weg zurück. Wird der Konflikt jetzt geklärt, stehen die Chancen gut, eine Lösung für beide Parteien zu finden. Wenn die Streitenden an dieser Stelle nicht weiter wegrennen, sondern das weiße Taschentuch zücken, können Sie es aus eigener Kraft schaffen, ihren Konflikt zu klären. Flüchten sie, dann wird der Konfliktriese so mächtig, dass es immer schwieriger wird, auf dem weiteren Weg ohne fremde Hilfe umzukehren und Frieden zu schließen:

Der Konflikt verschärft sich. Die Konfliktparteien suchen Sympathisanten für die eigene Sache. So breiten sich Konflikte häufig in Familien-, Freundes- oder auch Arbeitskreisen weiter aus. Es entstehen Koalitionen und damit auch Konfliktfronten. Jeder glaubt, im Recht zu sein. Häufig wird der Konfliktpartner denunziert. Zu diesem Zeitpunkt geht es nicht mehr um die eigentliche Sache, sondern darum, den Konflikt zu gewinnen, damit der Gegner verliert. Die eigenen Interessen, die noch ganz zu Beginn sehr wichtig waren, rücken in den Hintergrund. Der Fokus liegt darauf, das eigene Image zu bewahren und besser dazustehen als der andere.

Auf der nächsten Eskalationsstufe werden Unterstellungen zu beliebten Waffen. Der Gegner soll in seiner Identität vernichtet werden. Es existiert kein Vertrauen mehr zwischen den Streitenden. Die Parteien versuchen die moralische Glaubwürdigkeit des anderen zu zerstören. Der andere soll sein „Gesicht verlieren". Dazu werden unterschiedliche Register gezogen. Z. B. werden Geschichten über den anderen erzählt, die diesen in einem schlechten Licht zeigen; Dritte werden unter Druck gesetzt, ebenfalls negative Seiten oder Handlungen des anderen möglichst vor anderen preiszugeben. In dieser Phase wird häufig fantasievoll agiert. Die Erlebnisse verlieren ihre zeitliche Abfolge. Es entstehen neue Geschichten darüber, wie der Streit begonnen hat und welches Verhältnis die beiden Streitenden früher miteinander hatten. Diese Phase wirkt bedrohlich auf die Konfliktpartner. Sogar vor Manipulationen wird nicht zurückgeschreckt, wenn diese dazu dienen, den Partner in einem schlechten Licht erscheinen zu lassen. Die Beteiligten haben Angst, das Gesicht zu verlieren und steigen auf eine höhere Stufe der Eskalation:

Mit Drohungen wird nun versucht, die Situation zu kontrollieren. Drohungen veranschaulichen dabei die eigene Macht. Häufig wird mit einer Forderung gedroht (das wird dich 50.000 € kosten), mit einer Handlung (ich verklagte dich) oder mit einer Sanktion (dann verlasse ich das Unternehmen). Drohungen werden untermauert, in dem das Potenzial der Durchsetzung gezeigt wird: ein Brief vom Anwalt, eine Bewerbung für einen neuen Job. Hier entscheiden die Proportionen über die Glaubwürdigkeit der Drohung.

Bis hierhin hat sich die äußere und innere Stimmung verdüstert. Es geht nicht mehr darum, eine gute Lösung für beide zu finden, sondern, dass der andere diesen „Kampf" verliert. Sind Konflikte bis hierhin eskaliert, lassen Sie sich nicht mehr von den Konfliktbeteiligten selbst klären. Jetzt sind Konfliktklärungsmethoden von außen gefragt: Mediation kann eine sein, Klärungshilfe, Moderation oder auch Gerichtsverfahren oder Therapien. Der Kontext entscheidet über die geeignetste Methode. Noch sind wir aber nicht unten angelangt im Keller der Eskalation.

Es geht weiter mit der begrenzten Vernichtung. Dabei soll dem Gegner mit allen Tricks geschadet werden. Der Gegner wird nicht mehr als fühlender Mensch wahrgenommen, da die eigenen Gefühle und moralischen Vorstellungen über den Umgang mit anderen in dieser Phase verloren gehen. Ab hier wird ein begrenzter eigener Schaden in Kauf genommen und schon als Gewinn gesehen, sollte der Schaden des Gegners größer sein als der eigene. In dieser Phase treten häufig (zuvor nicht gekannte) kriminelle Energien auf. Beteiligten befinden sich in einem Tunnel, sie verlieren die Fähigkeit zur Bewertung der eigenen Tat.

Es geht bergab. Auf der nächsten Stufe soll das Unterstützungssystem des Gegners zerstört werden. Die Einschläge werden größer. Zu Feinden werden auch diejenigen, die in der Nähe des Konfliktpartners stehen. Der Konflikt wird aktiv erweitert und mit Personen aus dem Umfeld des Konfliktpartners weiter ausgetragen.

Die letzte Stufe nennt Glasl „gemeinsam in den Abgrund". Man kalkuliert die eigene Vernichtung mit ein, um den Gegner zu besiegen. Wir sind beim Krieg angelangt. Leider hilft hier kein weißes Taschentuch mehr. Auch die Hilfe eines neutralen Streitschlichters ist hier nicht mehr wirksam. Konflikte dieser Stufe können nur durch äußere Machteingriffe entschärft werden. Dabei ist offensichtlich: Es gibt keine Gewinner. Beide Konfliktparteien werden am Ende verloren haben (Abb 2.1).

Wenn wir (neutrale) Klärungshelfer einen Konflikt in der Praxis begegnen, dann ist es hilfreich für die Wahl der Klärungsmethode eine grobe Einordnung vorzunehmen. Es wird betrachtet auf welcher Stufe der Konflikt bereits angelangt ist.

DIE NEUN ESKALATIONSSTUFEN NACH F. GLASL

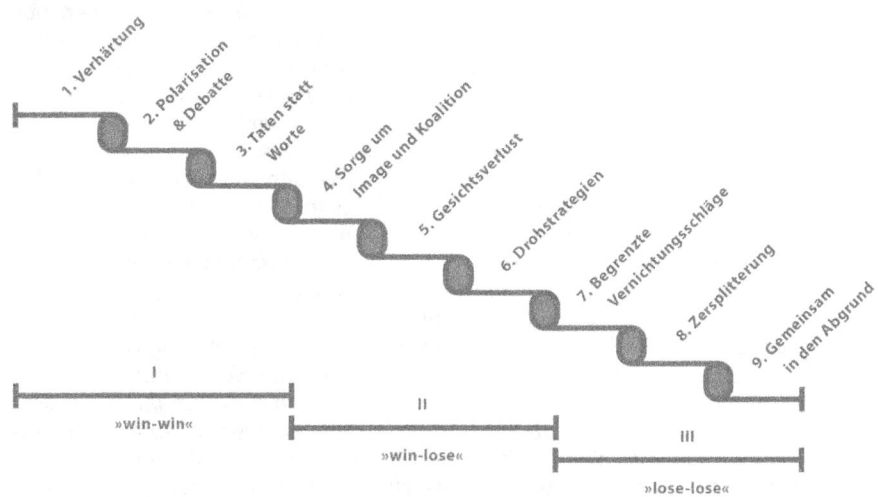

Abb. 2.1 Die Eskalationsstufen frei nach Friedrich Glasl

Menschen in Konfliktsituationen befinden sich im Ausnahmezustand. Es treten Seiten zutage oder es werden Handlungen vorgenommen, von denen man in friedlichen Zeiten nie gedacht hätte, dass man dazu in der Lage sei. Gelingt eine Konfliktklärung, ist diese nicht selten mit der Erkenntnis der eigenen dunklen Seite verbunden. Ich erinnere mich an einen Konflikt zwischen zwei Meistern eines Maschinenbaubetriebs.

> **Beispiel**
>
> *Die beiden sind über anfänglich kleine Auseinandersetzungen und Konkurrenzgedanken in eine Konfliktspirale geraten. Fast lehrbuchhaft hat sich dieser Konflikt ausgeweitet: Kollegen der einzelnen Arbeitsschichten wurden mit hineingezogen und persönliche und teilweise intime Geschichten gegenseitig in Umlauf gebracht. Ein trauriger Höhepunkt des Konfliktes war ein unvorteilhaftes Foto, das Herr Lose beim Umkleiden unbemerkt von Herrn Brown geknipst hatte und es an andere versendet hat. Für Herrn Brown war dieses Foto ein Gesichtsverlust. Er schämte sich und ging zum Gegenschlag über. Herr Lose sollte ebenfalls bloßgestellt werden und am besten vor seinem Chef und allen Kollegen. Herr Brown blieb eines Abends länger in der Firma und manipulierte eine Fräsmaschine, die am nächsten Morgen in Herrn Loses Verantwortungsbereich fiel. Es sollten möglichst viele Teile unbemerkt kaputtgehen. Das würde die Ausschussbilanz dieser Schicht nach oben treiben und*

> ziemlich sicher für jede Menge Ärger beim Vorgesetzten sorgen. Der Mitarbeiter, der die Maschine bediente, merkte schnell, dass etwas nicht stimmte. Herr Lose war an diesem Tag krankgemeldet und der Mitarbeiter informierte den Teamleiter. Der Teamleiter erfuhr auf diesem Wege auch, dass das Team von Herrn Lose, der Meinung waren, hinter dieser Manipulation können nur einer stecken: Herr Brown und sein Team. Der Teamleiter erkannte den Ernst der Lage. Bislang wollte er wenig von dem Streit hören, denn, „wir sind ja hier nicht im Kindergarten, sondern bei der Arbeit, also reißt euch zusammen!" Aber jetzt reichte es. Zum Glück war nichts passiert, aber wenn die Vermutung der Mitarbeiter stimmte, dann kann es so nicht weitergehen. Es wurde kurz intern diskutiert, ob die Polizei eingeschaltet werden müsse wegen absichtlicher Manipulation der Maschine. Doch das wurde verworfen. Man wollte nicht noch mehr Unruhe in die Mannschaft bringen. Der Teamleiter legte den beiden Streitenden eine Mediation nahe. Im gemeinsamen Gespräch haben beide ihre Taten gegenseitig eingestanden. Sie werden nie Freunde werden, sie haben aber eine Möglichkeit gefunden, respektvoll miteinander umzugehen und zu arbeiten. Der Wendepunkt in dieser Konfliktklärung passierte an jenem Punkt, als beide es schafften, sich etwas zu distanzieren und von außen auf das zu schauen, was da in den letzten zwei Jahren zwischen ihnen passiert ist. Beide waren betroffen und erschrocken darüber, welche dunklen Seiten ihrer Persönlichkeit in diesem Streit zutage getreten sind. Beiden Männern, die sich selbst als Typen „harte Schale weicher Kern" beschrieben, gelang es zu verstehen, wie sich der jeweils andere gefühlt haben muss. Der Schlüssel zur Klärung jedoch, lag hier in der Selbsterkenntnis: „So ein Monster möchte ich nicht sein und nie wieder werden", das sagte der eine von beiden am Ende, sie gaben sich die Hand.

2.5 Die Aura von Konflikten

Mit der Aura von Konflikten ist hier die Ausstrahlung gemeint, im Sinne von Ausweitung und Verbreitung von Konflikten. Wie bereits beschrieben, werden bei einer Zuspitzung von Konflikten recht früh Koalitionen gesucht. Ab diesem Moment betrifft der Konflikt nicht nur ausschließlich die Streitenden, sondern auch das Umfeld. Es ist ein natürliches Bedürfnis in Zeiten der Verunsicherung, Rückendeckung einzuholen. Es gibt uns Sicherheit, wenn andere unsere Meinung teilen. Im Kontext des Konflikts bedeutet das, dass wir andere davon überzeugen, dass unsere Haltung die richtige ist und die des anderen nicht. Menschen in Konflikten stecken in diese Koalitionsbildung viel Kraft und Ressourcen. Enge Vertraute wie die Ehefrau oder der Ehemann, die beste Freundin, die Eltern die Lieblingskollegin werden recht früh in den Streit eingebunden. Sie sind damit indirekt betroffen vom Konflikt, da sie ihre Interessen gegenüber dem Ehemann, der Ehefrau, der Freundin usw. auch nicht mehr wie gewohnt durchsetzen können und von diesem Konflikt mehr oder weniger belastet sind, weil sie sich z. B. Sorgen machen. Wir haben in unserem Leben schon häufig Szenen wie diese erlebt.

> **Beispiel**
>
> *Familie Haas sitzt beim Abendessen. Frau Haas wirkt nachdenklich und abwesend. Das geht schon seit einigen Tagen so. Auf Nachfrage, was denn los sei, erzählt Frau Haas vom Streit mit ihrer Kollegin. Die Familie hört nicht zum ersten Mal von dieser Kollegin. Schon öfter war Frau Haas sauer auf diese Frau. Jetzt reicht es Herrn Haas aber: „Die ganze Stimmung ist zerstört wegen dieser komischen Kollegin. Was muss das für eine anstrengende Person sein, dass sie es schafft, sogar meine sonst fröhliche Frau so zu zermürben?" Frau Haas erzählt, was aus ihrer Sicht passiert ist. Zu diesem Zeitpunkt ist der Konflikt bereits mehr als ein reiner Interessensgegensatz. Frau Haas sieht das richtige Handeln bei sich und die Fehler bei ihrer Kollegin und berichtet ihrer Familie entsprechend. Natürlich erwartet sie von der Familie Loyalität und Rückendeckung. Und die bekommt sie auch. Auf kritisches Nachfragen über ihre eigene Handlung in diesem Streit reagiert sie ungeduldig und ungehalten. Sie ist zu diesem Zeitpunkt nicht mehr bereit, Verständnis für ihre Kollegin zu entwickeln bzw. ihre eigene Handlung kritisch zu reflektieren. Die Familie unterstützt sie, um zum einen nicht in einen eigenen Konflikt zu geraten und zum anderen die Loyalität zu zeigen, die Frau Haas von ihrem engsten Umfeld erwartet. Sie stützen Frau Haas unter anderem in der Hoffnung und dem eigenen Interesse, dass diese Unterstützung dazu führt, dass abends endlich die Laune beim Abendessen wieder besser wird. Die erste Koalition ist gebildet und dieser Kreis der Verbündeten, die Familie, wird regelmäßig über die Updates der Konfliktgeschichte informiert.*

Bald schon erleben die Menschen in diesem engen Kreis eigene Emotionen gegen den Konfliktpartner (in diesem Fall die Kollegen von Frau Haas), obwohl sie ihn vielleicht nicht einmal persönlich kennen. Dieser enge Kreis wird von Menschen in Konflikten auch dazu genutzt, sich auszusprechen, auszuweinen, Ballast abzuladen. Je stärker sich ein Konflikt ausweitet, desto häufiger dominiert er Gespräche. Der engste Kreis wird zu Konfliktbeteiligten. Der Versuch, der besten Freundin aus dieser Spirale auszutreten, „können wir auch einmal über etwas Anderes sprechen" oder gar „ich kann auch deine Kollegin verstehen", wird von den Konfliktbeteiligten in der Regel als Vertrauens- und Loyalitätsbruch bewertet und nicht selten mit Kontaktabbruch und einem neuen, weiteren Konflikt beantwortet. Solche „neuen" Konfliktverästelungen finden sich häufig in langanhaltenden Familienkonflikten. Wenn zum Beispiel zwei erwachsene Geschwister in einen Streit geraten und durch die gebildeten Koalitionen und die Bemühungen einiger Familienmitglieder den Streit zu schlichten, neue Konfliktfronten eröffnet werden. Plötzlich streiten nicht nur die beiden Geschwister, sondern auch zwischen Onkeln und Tanten entsteht ein Konflikt.

Die Konfliktaura reicht häufig weit über den engsten Kreis hinaus. Nicht nur emotionale Koalitionen, wie die in der Familie, sondern strategische Koalitionen werden gebildet:

> **Beispiel**
>
> *Im Fall von Frau Haas und ihrer Kollegin, sind das die anderen Kollegen. Hier beginnt ein regelrechtes Wettrennen um neue Bündnisse. Insgesamt zwölf andere Kolleginnen und Kollegen arbeiten in der Abteilung von Frau Haas. Längst haben sie gespürt, dass die Luft zwischen Frau Haas und ihrer Kollegin dick ist. Es hat nicht lange gedauert, bis beide Kolleginnen bei unterschiedlichen Anlässen über den Streit erzählt haben. Nicht mit allen Kollegen hat Frau Haas gesprochen aber mit den fünf, die ihr am nächsten stehen. Beim Mittagessen, an der Kaffeemaschine, beim gemeinsamen Nachhauseweg hat sich Frau Haas über die gemeinsame Kollegin bei ihnen beschwert. Einige Kollegen haben sich das gerne angehört, da sie ohnehin finden, dass diese spezielle Kollegin den Streit sucht. Andere Kolleginnen fühlten sich unwohl, als Frau Haas Ihnen von dem Konflikt erzählte. Sie wollten sich nicht einmischen, verstehen sich auch mit der anderen Kollegin gut und möchten „nicht mit hineingezogen werden". Doch wenn sie dies mehr oder weniger direkt zu Frau Haas sagten, reagierte diese distanziert. Sie sprach weniger als sonst und wandte sich ab. Schon bald fingen die Kollegen an, sich selbst unwohl zu fühlen. Zwei der zögerlichen Kolleginnen suchten das Gespräch mit Frau Haas und als diese ihnen ein weiteres Mal ihr Leid klagte, schaffte sie es nicht mehr, ihre Neutralität zu bewahren und stimmten Frau Haas zu. Frau Haas bestärkte das und wurde wieder freundlicher im Umgang mit ihnen. Nach und nach wuchsen und festigten sich die Koalitionen bei Frau Haas und ihrer Kollegin, bis der gesamte Kollegenkreis mehr oder weniger offen zu einer oder zur anderen Seite stand. Nur ganz vereinzelt konnten sich Kolleginnen aus dem Konflikt heraushalten. Sie wurden zu Außenseitern der gesamten Abteilung. Mit der Zeit kamen neue Konfliktlinien zwischen den beiden Bürofronten hinzu. Um Zugehörigkeit zur Haas- Koalition zu zeigen, wurde der Ton rauer, wenn die Kolleginnen-Koalition etwas einbrachte. Misstrauen kam auf, bei der Vergabe neuer Aufgaben und argwöhnisch wurden Gespräche mit der Chefin gegenseitig beäugt. Nach vier Monaten war die Abteilung im Ausnahmezustand. Die Produktivität sank. Der Krankenstand nahm zu. Die Stimmung war schlecht. Ein eskalierter Konflikt war manifestiert und kaum einer der Beteiligten konnte so richtig benennen, wie es dazu kam.*

Dieser Konfliktverlauf im Arbeitsumfeld ist typisch. Je nach Konstellation und beteiligten Menschentypen, werden mehr oder weniger Menschen im Kollegenkreis zu Konfliktparteien. Dass der Konflikt sich von zwei

Streitenden auf das Umfeld ausweitet, ist vorprogrammiert. Entweder direkt wie in diesem Fall, in dem die Kolleginnen und Kollegen am Ende genauso vom Konflikt betroffen waren wie anfangs Frau Haas und ihre Kollegin oder indirekt: Die Kolleginnen leiden an der schlechten Stimmung, an der Gereiztheit, an der Traurigkeit der Streitenden. Teamaktivitäten verlieren den leichten, unbekümmerten Ton, auf Befindlichkeiten der beiden Streitenden muss immer wieder Rücksicht genommen werden, um eine Explosion zu vermeiden. In einem solchen Umfeld motiviert zu bleiben, verlangt eine aktive Gegensteuerung.

Verschiedene Studien[3] haben Konfliktkosten am Arbeitsplatz berechnet. Sie kommen zu beträchtlichen Verlusten, die durchsinkende Effizienz, gestiegener Fehltage und Kündigungen, die durch Konflikte entstehen.

Führungskräften kommen in dieser Situation eine besondere Rolle zu. Sie sind dazu da, die Arbeit effizient zu organisieren. Die Verantwortung der Führungskräfte für die Qualität der Zusammenarbeit ist dabei ein wichtiger Faktor. Dabei geht es um Aspekte wie respektvolle Kommunikation, klare Informationen, wertschätzendes Verhalten oder vertrauensvoller Umgang. Häufig wird dies als „Kultur" einer Abteilung oder eines Teams bezeichnet. Da sich Konflikte nicht selbst beruhigen, sondern eskalieren, eine Aura entwickeln, ganze Teams demotivieren und in der Folge zu schlechteren Arbeitsbedingungen und Ergebnissen führen, ist das Bearbeiten von Konflikten im Team, eine entscheidende Aufgabe einer jeden Führungskraft.

Was aber heißt „Bearbeiten"? Wenn sich eine Führungskraft bislang noch nicht mit Konflikten, deren Klärung und Dynamik befasst hat, dann reagiert sie häufig, wie jeder andere „Konfliktlaie" auch. Der Konfliktriese taucht auf und sie drehen sich um und laufen weg. Die Argumente für dieses Verhalten sind im Arbeitskontext z. B. folgende: *„Wir müssen uns um die wesentlichen Aufgaben kümmern, für solche Spirenze haben wir keine Zeit"*; *„Wir sind hier nicht im Kindergarten, jeder soll seine eigenen Konflikte selbst lösen"*; *„Ich bin Ingenieur und kein Psychologe, bitte bleiben Sie sachlich!"*.

Das Weglaufen scheint erst mal gut zu funktionieren, denn die Mitarbeiter streben in der Regel danach, der Führungskraft gegenüber, ein gewünschtes Verhalten an den Tag zu legen. Wenn sie spüren, dass der Konflikt auf Unmut bei der Führungskraft stößt, versuchen sie, diesen erst mal bewusst von der Führung fernzuhalten. In der Regel funktioniert dies aber nicht allzu lange. Denn auf der eigenen Hierarchie- Ebene zieht

---

[3] S. u. a. Konfliktkostenstudie. Die Kosten von Reibungsverlusten in Industrieunternehmen. KPMG 2009.

der Konflikt weiter seine Kreise. Irgendwann nimmt entweder der Leidensdruck der Konfliktbeteiligten zu oder dem Kollegenkreis wird das Konflikttreiben zu bunt. In beiden Fällen führt der Weg wieder zu Führungskraft. Zu diesem Zeitpunkt spüren viele Führungskräfte intuitiv, „Wegrennen hilft nicht mehr". Jetzt werden ersten Gespräche mit den beiden Streitenden geführt. An diesem Punkt passiert es regelmäßig, dass die Führungskraft unabsichtlich in die Rolle eines Richters kommt. Um den Konflikt möglichst schnell vom Tisch zu bekommen, ist eine weit verbreitete Strategie von Führungskräften, sich die Positionen beider Parteien anzuhören, um sich ein eigenes Bild zu machen und zu entscheiden, wer Recht und Unrecht hat, um danach möglichst schnell wieder ungestört weiterarbeiten zu können. Diese Strategie ist uns vertraut. Im Laufe unserer Sozialisation haben wir sie immer wieder erlebt. Wenn Eltern einen Streit zwischen den Geschwistern geklärt haben und dabei zu Detektiven wurden, um herauszufinden, wer nun wirklich den letzten Keks gegessen hat. Auch die Erinnerung an die meisten Schulkonflikte sind ähnlich. Wenn zwei streiten, entscheidet nicht selten der Lehrer am Ende über Recht und Unrecht und vergibt einseitige Strafen, um diese Perspektive zu untermauern.

Mit Ausnahme des Gerichtsprozesses, bei dem die Rechtsprechung auf allgemeinen Konventionen und Gesetzen basiert, ist die Suche nach ‚Recht' und ‚Unrecht', nach der ‚Wahrheit' des Konflikts eine gefährliche Sackgasse.

Schon bald spürt die Führungskraft bei den Einzelgesprächen mit den Konfliktbeteiligten, dass jeder seine eigene Konfliktgeschichte hat. Ob Frau Mueller tatsächlich vor zwei Wochen am Dienstagabend zehn Minuten früher nach Hause ging und den Drucker ausgeschaltet hat, sodass andere im Nebenbüro ab diesem Zeitpunkt nicht mehr drucken konnten und dies zu einer Verzögerung in der Projektabgabe führte oder nicht, wird nur schwerlich im Nachhinein nachvollziehbar sein. Als Konfliktklärer (in dieser Rolle ist die Führungskraft) ist es nicht zielführend, sich auf der Suche nach dieser Wahrheit zu verbeißen. Besser sind die individuellen Konfliktwahrnehmungen der einzelnen Parteien zu verstehen und zu versuchen, diese wieder miteinander ins Gespräch zu bringen. In dem Bemühen ‚jemanden zu verstehen', liegt jedoch eine Schwierigkeit. Nochmals zurück zur Situation:

Die Führungskraft hat die beiden Konfliktbeteiligten zu Gesprächen eingeladen. Was die Führungskraft vielleicht nicht reflektiert ist, dass die beiden Streitenden auf Koalitionssuche sind. Bei der Koalitionssuche gibt es wichtige und unwichtigere Koalitionspartner. Die Führungskraft ist wichtig, sogar sehr wichtig. In dem Gespräch werden beide Streitparteien mal mehr mal weniger strategisch, mal mehr mal weniger bewusst versuchen, die Führungskraft davon zu überzeugen, dass ihre Position die richtige ist und die des anderen die falsche. Die Konfliktparteien kommen beide mit der tiefsten Überzeugung, dass sie richtig handeln und der andere im Unrecht ist. Sie scheuen häufig nicht vor Übertreibungen der Vorkommnisse zurück, um ihre Position zu untermauern. Dabei beobachten sie genau, wie der Gesprächspartner, hier ihre Führungskraft, reagiert. Ein zustimmendes und gut gemeintes *„Ich kann Sie verstehen"* oder *„Das ist ja wirklich gemein, wie Sie behandelt werden"* oder *„Das geht ja gar nicht",*, werden schnell als Zustimmung und positive Signale hinsichtlich der gesuchten Koalition gedeutet. Da aber beide Streitende Ungerechtigkeiten und Unrecht ‚erlebt' haben, werden beide von der Führungskraft „verstanden". Die Interpretation des Gesagten wird zur Gewissheit, dass die Führungskraft auf ihrer Seite steht. Das ermutigt die Streitenden, den Streit weiter eskalieren zu lassen. Die Führungskraft, die einfach nur Verständnis für beide äußern wollte, ist damit ganz schnell Teil des Konflikts. Wenn die Führungskraft sich zudem noch in die Rolle des Richters dieses Konflikts begibt und äußert, wer sich nach seinem Dafürhalten im Recht oder Unrecht befindet, ist der Unmut vorprogrammiert. Mit einem „Richterspruch" ist in der Regel eine Partei unzufrieden. Häufig fühlen sich beide bevormundet und reagieren mit Vertrauensverlust.

Aber wie kann die Führungskraft agieren, wenn sie doch für die Konfliktbearbeitung zuständig ist? In den allermeisten Fällen von Konflikten am Arbeitsplatz ist eine neutrale Moderation der Führungskraft als Hilfe zur selbstbestimmten Lösung des Konflikts ein guter Weg. Dabei versuchen sie in einer neutralen Rolle zu helfen, die Konfliktspirale zu verlassen. Im Kap. 5 lesen Sie mehr dazu.

Wenn Sie bis hierhin gekommen sind, haben Sie die wesentlichen Dynamiker von Konflikten kennengelernt.

Im nächsten Kapitel geht es um uns alle und wir wie streiten. Uns Menschen mit unseren Prägungen, Haltungen, Mustern und individuellen Eigenschaften. Bei so viel Unterschiedlichkeit zwischen uns, ist es doch kein Wunder, dass es knallt, oder?

3

Konflikttypen

Vielleicht erkennen Sie sich in den Beispielen, die Sie hier lesen wieder, vielleicht sind Sie überrascht, warum Menschen so etwas sagen oder tun, und denken sich, dass Sie in dieser Situation ganz anders gehandelt hätten. Das kommt bei der Betrachtung von Konflikten, deren Eskalation und Beurteilung erschwerend hinzu- es gibt nicht ein festes Ablaufmuster und genauso wenig eine Lösungsstrategie für alle Konflikte und das liegt an uns- den Akteuren, den Streitenden. Wenn wir in einen Konflikt geraten, dann rutschen wir schnell in ein Muster, die anderen kritisch zu betrachten und deren Verhalten pauschal zu bewerten. Ich höre häufig Aussagen wie: *„Mein Chef hat keine Empathie, es macht keinen Sinn ihm meine Situation zu erklären"* oder *„mit meinem Mann kann man nicht streiten, er explodiert sofort"* oder *„meine Freundin ist immer gleich eingeschnappt und dann hat Streiten keinen Sinn."*

Durch unsere genetischen Anlagen, unserer Erfahrungen, unseren Körper, unser Wissen, unserer Beobachtungen und unsere Beziehungen, sind wir eigene Persönlichkeiten geworden. Andere, auch wenn sie uns noch so nahe sind, sind anders.

Im Konflikt ist es ratsam, diese einfache Wahrheit nicht zu vergessen und sich nicht zu sehr darauf zu konzentrieren, den Fokus auf die Fehler und Unzulänglichkeiten unserer Streitpartner zu legen, sondern uns selbst zu reflektieren.

Unser Verhalten und das darauffolgende Verhalten von anderen ist nicht abgekoppelt voneinander, sondern bedingt sich gegenseitig. Man nennt das, **Reziprozität.** Das Wort komm aus der Soziologie und bedeutet

Wechselbezüglichkeit und Gegenseitigkeit. Es ist das Grundprinzip menschlichen Handelns.

> **Beispiel**
>
> *Wenn ich in ein freundliches Gesicht schaue, ist die Wahrscheinlichkeit höher, dass ich lächelnd zurückschaue, als wenn mich zornerfüllte Augen anblicken. Wenn ich jemanden einen Gefallen tue, ist es wahrscheinlich, dass dieser sich später revanchiere.*

Unser Verhalten beeinflusst das Verhalten unseres Gegenübers. Im Konflikt ist es daher ratsam, bei sich zu beginnen und zu reflektieren, wie ich mich gerade verhalte, warum ich etwas tue, sage oder lasse und wie das wohl auf mein Gegenüber wirkt.

Es gibt noch ein anderes Argument dafür, in der Konfliktanalyse mit einer Selbstbetrachtung zu beginnen: Wir legen subjektive Maßstäbe an, in der Bewertung andere. Unser Bewertungsmaßstab ist u. a. davon beeinflusst, wie wir die Welt sehen und in welcher Situation wir uns gerade befinden. Dieser Filter liegt über unseren Beobachtungen und führt häufig zu Missdeutungen und Missverständnissen in der Beurteilung des Verhaltens von anderen. Im Konflikt kommt erschwerend hinzu, dass sich unsere Linse verengt, durch die wir die Welt sehen und negative Interpretationen des Verhaltens andere wahrscheinlicher werden.

In diesem Kapitel geht es um verschiedene Persönlichkeitstypen, den Einfluss der Situation auf unser Verhalten und wie wir streiten.

3.1 Jeder ist anders- Persönlichkeiten

Jeder ist anders. Eine Erkenntnis, die nicht neu ist, jedoch erstaunlich und faszinierend bleibt. Rund 7,8 Mrd. unterschiedliche Menschen mit unterschiedlichen Persönlichkeiten leben auf diesem Planeten.

Was es ist, was wir Persönlichkeit nennen und wie Persönlichkeit das Verhalten beeinflusst, interessiert die Forschung seit Jahrhunderten. Einige Ansätze auf dem Weg zum heutigen Kenntnisstand, werden hier beschreiben. Es ist eine kleine Zeitreise in die Welt der Versuche unsere Unterschiedlichkeit zu erfassen.

Frühe Theorien gingen davon aus, dass sich die Persönlichkeit in der körperlichen Erscheinung der Menschen ausdrückt. Ein Ansatz, der von dem deutschen Arzt Franz Joseph Gall (1758–1828) entwickelt wurde und als Phrenologie bekannt ist, basierte auf der Idee, dass wir die Persönlichkeit durch die Beurteilung der Muster von Beulen auf den Schädeln von Menschen messen könnten. Auf der Abbildung aus einem Lexikon von ca. 1895 ist eine entsprechende Einteilung des Schädels abgebildet (Abb. 3.1).

Unterschiedliche Regionen repräsentierten unterschiedliche persönliche Ausprägungen. Anhand der physiologischen Beschaffenheiten des Schädels

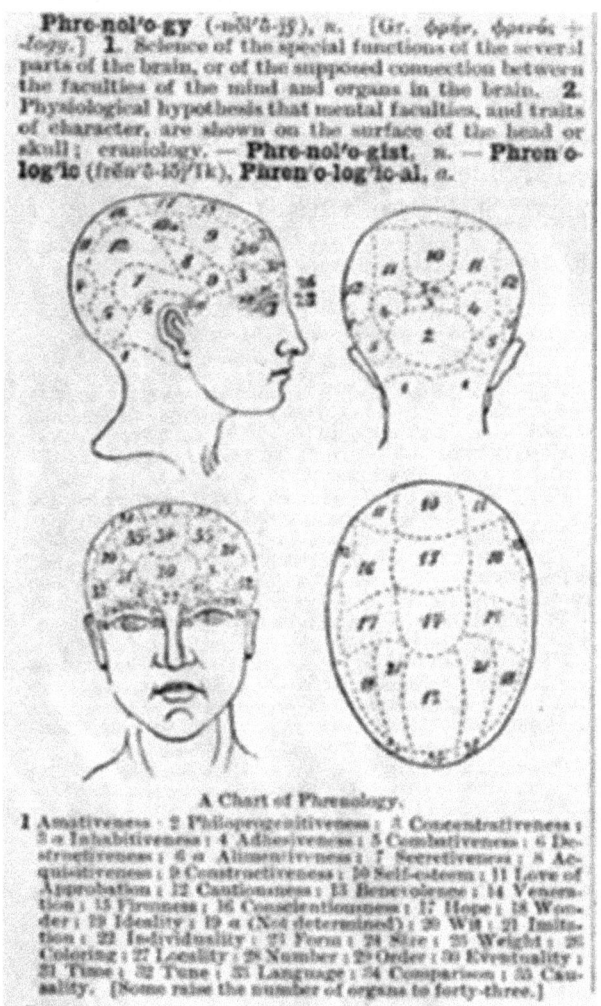

Abb. 3.1 Darstellung der Einteilung verschiedener Schädelareale. Webster Lexikon ca. 1895

wurden Rückschlüsse auf die persönlichen Ausprägungen gezogen. Es gab z. B. Areale für Selbstvertrauen, Mut, Frohsinn, Glaube, Kinderliebe usw.

Im viktorianischen Zeitalter wurde die Phrenologie sehr ernst genommen und viele Menschen propagierten ihre Anwendung als Quelle psychologischer Einsicht und Selbsterkenntnis. Es wurden sogar Maschinen entwickelt, die den Menschen bei der.

Analyse von Schädeln helfen sollten. Spätere sorgfältige wissenschaftliche Untersuchungen konnten diese Theorie der Zusammenhänge von Schädelformen und Persönlichkeitsmerkmalen nicht bestätigen. Die Phrenologie spielt heute in der zeitgenössischen Psychologie keine Rolle mehr (Abb. 3.2).

Ein anderer Ansatz ist bekannt als Somatologie. Ein prominenter Vertreter war der Psychologen William Herbert Sheldon (1898–1977). Die Idee der Somatologie basierte auf der Idee, dass wir die Persönlichkeit von Menschen anhand ihres Körperbaus bestimmen können. Verkürzt dargestellt argumentiert Sheldon, u. a. dass Menschen mit mehr Körperfett und

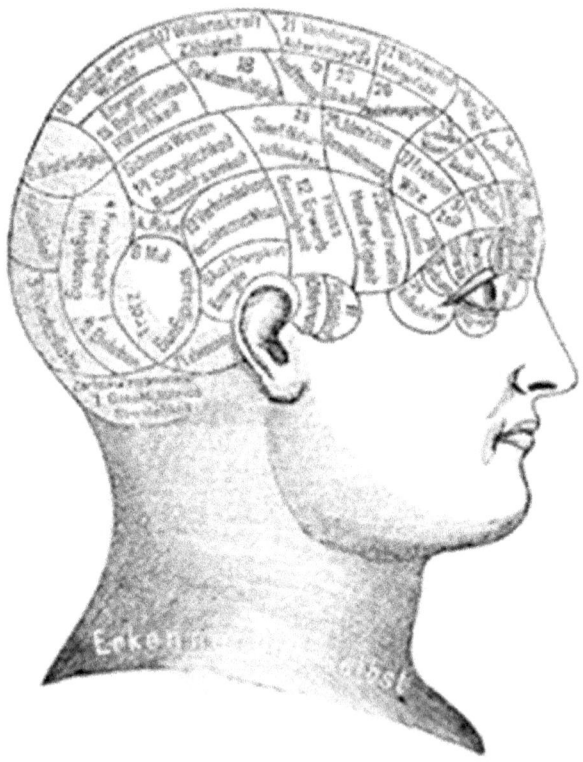

Abb. 3.2 Darstellung des menschlichen Charakters und der menschlichen Fähigkeiten. Friedrich Eduard Blitz, neue Naturheilkunde Leipzig, 1902

einem runderen Körperbau (Endomorphe) eher durchsetzungsfähig und kühn sind, während dünnere Menschen (Ektomorphe) eher introvertiert und intellektuell sind. Wie schon bei Phrenologie hat die wissenschaftliche Forschung die Vorhersagekraft dieser Theorie nicht bestätigt. Die Somatologie ist heute in der zeitgenössischen Psychologie nicht als valide anerkannt (Abb. 3.3.).

Ein anderer Ansatz zur Erkennung der Persönlichkeit ist als Physiognomie bekannt, oder die Idee, dass es möglich ist, die Persönlichkeit anhand von Gesichtsmerkmalen zu beurteilen. Aber auch diese Theorien wurden nicht empirisch betätigt und verworfen.

Auch die Humorallehre oder -pathologie eine in der Antike ausgebildete und bis ins 19. Jahrhundert gültige Krankheitslehre von den Körpersäften, deren richtige Mischung bzw. Zusammensetzung Voraussetzung für Gesundheit ist, wurde mit Temperamenten von Menschen verknüpft und mit der Vier-Elementen-Lehre verbunden, die bis 700 v. Chr. zurückführt.

Das Feuer, war verbunden mit der gelben Galle und mit einem cholerischen Temperament. Die Erde stand für die schwarze Galle und Melancholie. Die Luft ist in diesem Modell verbunden mit Blut und

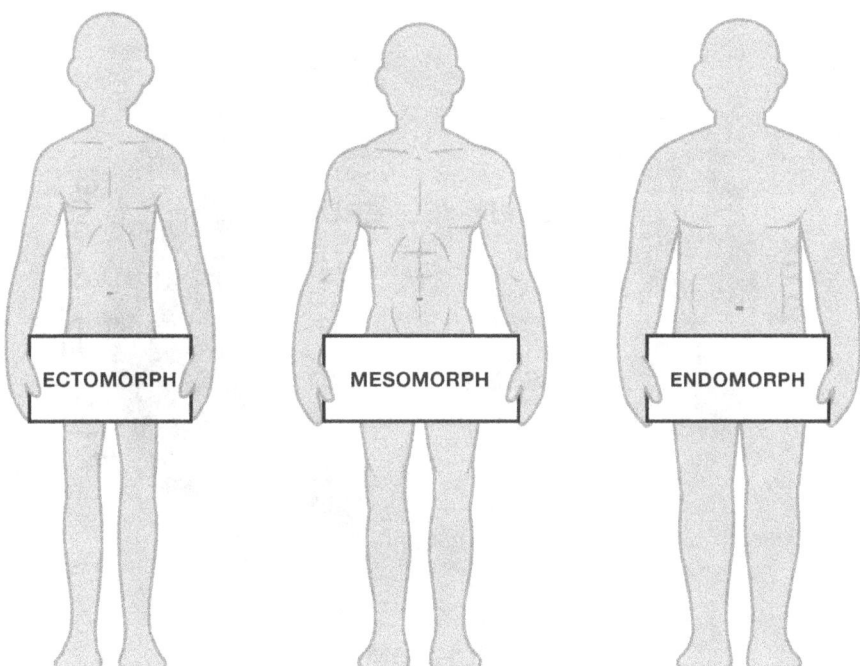

Abb. 3.3 Körpertypen nach William Sheldon

dem sanguinischen Temperament, das heiter, lebhafte und leichtsinnige Menschen beschreibt und das Wasser steht in Verbindung mit Schleim und einem phlegmatischen Temperament. Auch für diese Theorie konnte keine Evidenz gefunden werden. Man findet Beziehungen dazu dennoch u. a. in esoterischen und anthroposophischen Menschenbildern und Lehren bis heute wieder (Abb. 3.4).

In der heutigen Auffassung werden Persönlichkeiten anhand von Merkmalen charakterisiert, die relativ beständige Eigenschaften sind, die unser Verhalten über viele Situationen hinweg beeinflussen.

Die populärste Art, Persönlichkeitsmerkmale zu „messen", ist die Durchführung von Persönlichkeitstests, bei denen Personen Selbstauskünfte über ihre eigenen Eigenschaften geben. Wissenschaftler haben Hunderte von Merkmalen untersucht und einige Persönlichkeitsmerkmale ermittelt, die wichtige Auswirkungen auf unser Verhalten haben. Persönlichkeitsmerkmale wie z. B. Introvertiertheit, Freundlichkeit, Gewissenhaftigkeit, Ehrlichkeit

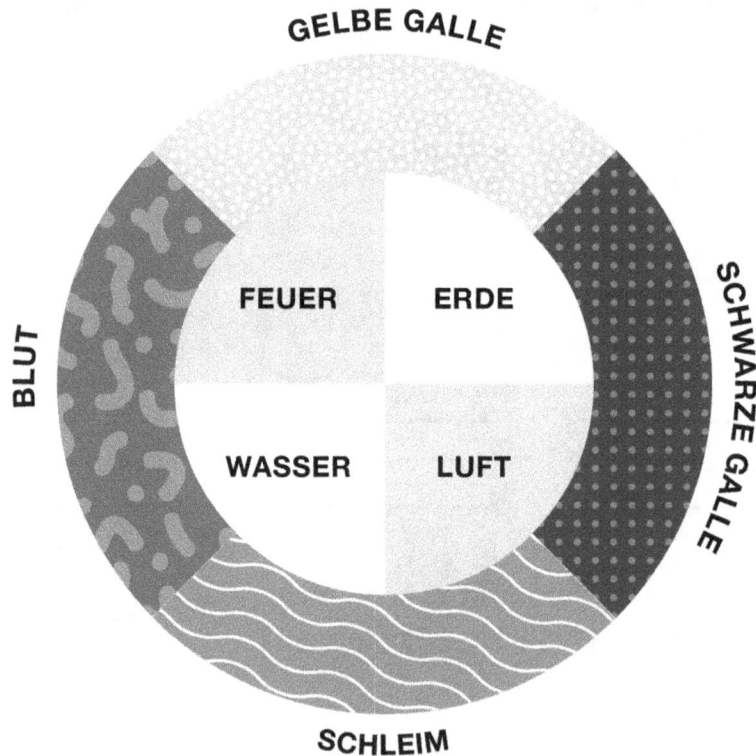

Abb. 3.4 Humorallehre mit Vier Elementen verknüpft

und Hilfsbereitschaft helfen, so das Ergebnis, eine Konsistenz im Verhalten zu erklären.

Wie z. B. bei Intelligenztests hängt der Nutzen von Selbsteinschätzungsmessungen der Persönlichkeit von ihrer Voraussage- Zuverlässigkeit ab: Ist die Fragestellung des Tests dazu geeignet, verlässliche Antworten zu bekommen. Der Unterschied zwischen psychologisch getestete Fragebögen und vielen Selbsttest zum Ankreuzen in der Zeitung ist genau dieser. Bei den Zeitungstests verknüpfen die Ersteller meist eine Antwort mit einem Merkmal. Diese Verknüpfung entsteht durch eine Vermutung, eine Hypothese, die meist aus einer „alltagspsychologischen" Annahme heraus getroffen wird:

Es wird z. B. gefragt, ob Sie, wenn Sie am Bahnhof auf den Zug warten mit fremden Menschen ins Gespräch kommen oder eher allein bleiben und Abstand halten. Je nachdem was sie ankreuzen könnte in der Auswertung stehen, dass Sie vermutlich eher extrovertiert oder introvertiert sind.

Diese Verknüpfung basiert auf der Vermutung des Testerstellers. Er verbindet in diesem Fall z. B. Extroversion mit Kontaktfreudigkeit, konstruiert ein entsprechendes Szenario und geht davon aus, dass Menschen, die angegeben auf dem Bahnhof mit fremden zu sprechen, eher extrovertiert sind.

Das ist eine Vermutung aus der Alltagspsychologie aber keine verlässliche Testgröße, da vermutlich nicht ausreichend getestet wurde, ob diese Antwort oder das Verhalten in dieser beschriebenen Situation tatsächlich mit Extroversion oder Introversion korrelieren. Um möglichst verlässliche Voraussagen zu treffen, führen Psychologen bei der Erstellung wissenschaftlicher Tests viele Vorversuche (Pre-Tests) durch, um einzelne Fragen und die Gesamtheit der Items zu validieren. Erst wenn das spätere Testinstrument getestet ist, also sichergestellt ist, dass tatsächlich eine deutliche Mehrheit der extrovertierten Menschen ankreuzen würden, dass sie auf einem Bahngleis auf den Zug wartend eher mit Fremden sprechen würden, würde diese Frage in einen Gesamtkatalog valider Beurteilungsinstrumente (von in diesem Fall Extroversion) überführt.

Wissenschaftlich eingesetzte Persönlichkeitstests werden empirisch überprüft, indem man ihre Wirksamkeit in Bezug auf die Aussagequalität und ihre Stabilität über die Zeit (ist die Aussage nicht nur in diesem Moment des Tests valide, sondern über einen längeren Zeitraum) und ihre Fähigkeit, Verhalten vorherzusagen, beurteilt.

Der populärstes und nach heutigem Stand am besten validierten Test, der mit Merkmaldimensionen zur Beschreibung von Persönlichkeiten arbeitet, ist das Fünf-Faktoren Modell (the Big five).

Diesem Modell zufolge gibt es fünf fundamentale zugrunde liegende Merkmalsdimensionen, die über die Zeit hinweg stabil sind, kulturübergreifend gelten, und einen wesentlichen Teil des Verhaltens erklären. Die fünf Faktoren in diesem Modell sind Offenheit für Erfahrungen, Gewissenhaftigkeit, Extraversion, Verträglichkeit und Neurotizismus (Tab. 3.1).

Die Auswertung erfolgt in allen Kategorien. Das Ergebnis ist kein entweder oder Ergebnis (Eine Person wäre entweder verträglich oder gewissenhaft), sondern verortet die Getesteten auf einer Achse mit zwei Polen für jedes Merkmal (z. B. sehr gewissenhaft – überhaupt nicht gewissenhaft).

> Wenn Sie den Test machen möchten finden Sie die Fragen und eine gute Auswertung kostenlos im Internet auf dieser Seite The test – Big Five (bigfive-test.com).

Unsere Persönlichkeitsmerkmale beeinflussen unser Handeln und Denken. Jedoch sind auch das keine stabilen Größen.

Ein Beispiel
Wenn ich über Carla denke und sagen, „Clara ist eine freundliche Person", dann meine ich, Carla ist heute freundlich, sie wird auch morgen freundlich sein und höchstwahrscheinlich auch nächste Woche. Ich kenne Carla aus unserem Fitnesskurs und das ist meine Erfahrung mit ihr, so erlebe ich sie: Sie ist zuvorkommend, lächelt gerne, ist offen und freundlich. Würde ich mit Carla nach Hause gehen nach der Yoga-Stunde, würde ich sehen, wie sie jeden Dienstag zu Hause ankommt und ihrer zu abendessende Familie kaum eines Blickes würdigt. Mit versteinerter Miene grummelt sie ein „Hallo" und geht in ihr Zimmer.

Was ist passiert, ist Carla doch keine freundliche, sondern sogar eine unfreundliche Person?

Der Psychologe Walter Mischel überprüfte bereits 1968 in einer viel beachteten Studie[1], den Zusammenhang der Situation auf das Verhalten von Menschen.

Er kam zu dem Ergebnis, dass eine relativ geringe Korrelation existiert zwischen den Merkmalen, die eine Person in einer oder in einer anderen Situation zum Ausdruck bringt.

Bereits 1928 untersuchten die Psychologen Hartshorne, May, Maller, & Shuttleworth[2] die Korrelationen zwischen verschiedenen Verhaltensindikatoren

---

[1] Mischel, Walter: Personality and assessment. 1968.
[2] Hartshorne, Hugh, and Mark A. May. „Studies in the nature of character,[part] 1: Studies in deceit: book 1, General methods and results; book 2, Statistical methods and results." (1928).

Tab. 3.1 Zusammengefasste und verkürzte Darstellung der Dimensionen des Persönlichkeitstest Big 5.

Dimension	Beschreibung	Beispiele für Verhaltensweisen, die durch das Merkmal vorhergesagt werden
Offenheit für Erfahrungen	Eine allgemeine Wertschätzung für Kunst, Emotionen, Abenteuer, ungewöhnliche Ideen, Fantasie, Neugierde und eine Vielfalt an Erfahrungen	Personen, die sehr offen für Erfahrungen sind, neigen dazu, ihr Zuhause auffällig und unkonventionell zu dekorieren. Sie haben wahrscheinlich auch Bücher zu einer Vielzahl von Themen, eine vielfältige Musiksammlung und Kunstwerke
Gewissenhaftigkeit	Eine Tendenz, Selbstdisziplin zu zeigen, pflichtbewusst zu handeln und Leistung anzustreben	Personen, die gewissenhaft sind, haben eine Vorliebe für geplantes statt für spontanes Verhalten
Extraversion	Die Tendenz, positive Emotionen zu erleben und Stimulation und die Gesellschaft anderer zu suchen	Extravertierte sind gerne unter Menschen. In Gruppen reden sie gerne, setzen sich durch und ziehen die Aufmerksamkeit auf sich
Verträglichkeit	Eine Tendenz, anderen gegenüber eher mitfühlend und kooperativ als misstrauisch und antagonistisch zu sein; spiegelt individuelle Unterschiede in der allgemeinen Sorge um soziale Harmonie wider	Verträgliche Personen schätzen es, mit anderen auszukommen. Sie sind im Allgemeinen rücksichtsvoll, freundlich, großzügig, hilfsbereit und bereit, ihre Interessen mit denen anderer in Einklang zu bringen
Neurotizismus	Die Tendenz, negative Emotionen zu erleben, wie z. B. Wut, Angst oder Depression; manchmal auch „emotionale Instabilität" genannt	Diejenigen, die einen hohen Neurotizismuswert haben, interpretieren gewöhnliche Situationen eher als bedrohlich und kleine Frustrationen als hoffnungslos schwierig. Sie haben möglicherweise Probleme, klar zu denken, Entscheidungen zu treffen und effektiv mit Stress umzugehen

für Ehrlichkeit bei Kindern. Sie verleiteten Kinder dazu, sich in verschiedenen Situationen entweder ehrlich oder unehrlich zu verhalten, indem sie ihnen z. B. das Stehlen und Betrügen leicht oder schwer machten. Die Korrelationen zwischen den Verhaltensweisen der Kinder waren gering. Es zeigte sich, dass Kinder, die in einer Situation unehrlich verhalten nicht immer die gleichen Kinder sind, die sich auch in einer anderen Situation unehrlich verhalten. Zahlreiche darauf aufbauende Studien zu moralischem Verhalten und Charakterzügen wurden durchgeführt.

Zusammenfassend bestätigten sich die Ergebnisse, dass bei der Beobachtung von Persönlichkeitsmerkmalen und darauf basierendem Verhalten die *Situation* einen starken Einfluss hat.

Eine weitere Studie von Bem und Allen, 1974 betätigten den starken situativen Einfluss bei einer Studie mit Erwachsenen in Bezug auf die Merkmale Abhängigkeit, Freundlichkeit und Gewissenhaftigkeit.[3]

Psychologen haben zwei Haupt-Annahmen für diese niedrigen Korrelationen der Persönlichkeitsmerkmale in unterschiedlichen Situationen herausgearbeitet.

Eine Annahme ist, dass unsere natürliche Tendenz, Eigenschaften in anderen zu sehen, dazu führt, dass wir glauben, dass Menschen stabile Persönlichkeiten haben, obwohl sie das in Wirklichkeit nicht haben. Kurz gesagt, die Charaktereigenschaften anderer sind in den Köpfen der Menschen, die die Beurteilung vornehmen stärker ausgeprägt, als in den Verhaltensweisen der beobachteten Personen.

Diese Annahme passt auch zu Forschungsergebnissen, die zeigen, dass Menschen ihr eigens Wissen und eigene Prägung nutzen, um die Welt um sie herum zu interpretieren. Diese unbewussten Schemata färbt ihre Urteile über die Persönlichkeit anderer.

Ein Beispiel: Ich hatte als Kind einen schweren Autounfall. Dieses Erlebnis hat mich geprägt und ich fahre bis heute sehr ungern und übervorsichtig Auto. Mit diesem Erlebnisrucksack ausgestattet bewerte ich andere, die zackig auf der Straße unterwegs sind oft voreilig als draufgängerisch oder gehe fälschlicherweise davon aus, dass auch meine Mitfahrer ab 130 km/h feuchte Hände bekommen, obwohl diese in Wahrheit ganz entspannt die Fahrt genießen.

Um die zweite Annahme zu verstehen, lade ich Sie ein, einen kleinen Test zu machen.

> **Wichtig** Denken Sie zunächst an eine Person, die Sie kennen – Ihre Mutter, Ihren Mitbewohner, eine Freundin oder einen Klassenkameraden. Wählen Sie nun aus den Antworten a/b/c aus, welche ihn oder sie am besten beschreibt.

---

[3] Bem, Daryl J., and Andrea Allen. „On predicting some of the people some of the time: The search for cross-situational consistencies in behavior." *Psychological review* 81.6 (1974): 506.

1	a) energisch	b) entspannt	c) hängt von der Situation ab
2	a) skeptisch	b) vertrauensvoll	c) hängt von der Situation ab
3	a) ruhig	b) gesprächig	c) hängt von der Situation ab
4	a) intensiv	b) gelassen	c) hängt von der Situation ab

Beantworten Sie nun die Fragen erneut, aber diesmal über sich selbst. Was fällt Ihnen auf?

Ihre Antwort kann dadurch beeinflusst sein, dass Sie schon einiges über den Einfluss der Situation gelesen haben. Dieser Versuch wurde wiederholt mit einer großen Anzahl an Testpersonen durchgeführt. Mit folgendem Ergebnis:

Menschen neigen dazu, mehr stabile und klar abgrenzbare Charaktereigenschaften in anderen Menschen zu sehen als in sich selbst.

Die Erfinder dieser Studie Richard Nisbett und seine Kollegen[4] stellten 840 College-Studenten dieselbe Aufgabe für sich selbst, für ihren besten Freund, für ihren Vater und für den (damals bekannten) Nachrichtensprecher Walter Cronkite.

Die überwiegende Mehrheit der Teilnehmer wählten Antwort a) oder b) häufiger für andere Personen als für sich selbst und wählten c) „hängt von der Situation ab" häufiger für sich selbst als für die anderen Personen. Diese Ergebnisse deuten darauf hin, dass Menschen möglicherweise konsistentere Eigenschaften bei anderen wahrnehmen. Überspitzt gesagt, tendieren wir dazu andere Menschen eher in eine Persönlichkeits-Schublade zu stecken. Wir beobachten Eigenschaften und Persönlichkeitsmerkmal bei anderen und interpretieren diese durch unsere Brille, so wie wir die Welt sehen. Dabei scheinen wir den anderen weniger Flexibilität und Variabilität zuzutrauen als uns selbst. Auf dieser Basis entstehen u. a. Vorurteile oder falsche Bewertungen.

Es passiert uns hin und wieder im Leben, dass uns eine Person „überrascht".

---

[4] Nisbett, R. E., Caputo, C., Legant, P., & Marecek, J. (1973). Behavior as seen by the actor and as seen by the observer. *Journal of Personality and Social Psychology, 27*(2), 154–164.

> **Beispiel**
>
> *Laura war immer so schüchtern, dass hätte ich nie gedacht, dass sie vor der ganzen Schule eine Rede hält.*
>
> *Mark kennen ich als sehr distanzierten, kühlen Kollegen, dass ausgerechnet er mich als einziger im Krankenhaus besucht hat, als ich mein Bein gebrochen habe, hätte ich nie vorhergesagt.*
>
> *Ursula war immer so gut gelaunt und fröhlich, dass sie jetzt eine Depression haben soll, kann ich kaum glauben.*

Wahrscheinlich fallen Ihnen einige Beispiele dazu ein. Wir sehen Menschen in einer bestimmten Situation (im Büro, in der Schule, in der Straßenbahn, in der Familie) und schließen von unseren Beobachtungen des Verhaltens in dieser Situation auf bestimmte Persönlichkeitsmerkmale. Wir gehen davon aus, dass diese recht stabil sind und unterschätzen 1) unsere persönliche Einfärbung dieser Einschätzung und 2) dass sich Verhalten in unterschiedlichen Situationen verändert.

Im Konflikt spitzt sich diese Diskrepanz unserer Einschätzung zu- wir fokussieren uns auf die negativen Eigenschaften und Verhaltensweisen der anderen, um einen möglichst großen Kontrast zwischen uns und den anderen herzustellen. Oft stellen wir uns dabei auf einem moralischen Podest und bewerten unser Handeln als gut, richtig, moralisch korrekt und das Verhalten des anderen als niederträchtig, schlecht oder gar krank. Im weiteren Verlauf des Konflikts, vermischt sich unsere Wahrnehmung über die Verhaltensweisen des anderen in dieser angespannten Situation mit unserer Beschreibung und Wahrnehmung der gesamten Persönlichkeiten.

> **Beispiel**
>
> *Während wir in Friedenszeiten sehen, dass Frau Rousé, unsere sonst eher ausgeglichene und geduldige Kollegin, heute ausnahmsweise die Geduld verloren hat und lauter wurde, weil sie sich von Ihrem Chef angegriffen fühlte. Ändert sich unser Bild von Frau Rousé wenn wir persönlich mit ihr im Konflikt sind. Wir sehen immer weniger ihre ausgeglichene und geduldige Seite, wir wenden unseren Blick auf die vermeintlichen Defizite, die Fehler. Frau Rousé wird in unsere Wahrnehmung zum unberechenbaren Drachen. Diese Wahrnehmung teilen wir mit unserem Umfeld. Eine Abwärtsspirale setzt sich in Gang.*

Wir haben es mit einer komplexen Gemengelage zu tun: Jeder ist anders, das ist die Ausgangssituation. Auch wenn wir versuchen können Persönlichkeitstypen zu kategorisieren, kann dadurch keine stabile Vorhersage auf deren

Verhalten getroffen werden. Wie sich Persönlichkeitsmerkmale z. B. in Form von Verhalten zeigen, ist stark von der Situation beeinflusst und durch die Sicht aus *unserer* Erfahrungs-Brille auf andere.

Wenn wir unsere menschlichen Interpretationsfehler kennen und erkennen, ist ein wichtiger Schritt getan. Im besten Fall erinnern wir uns in einer kritischen Situation, in der wir das Verhalten eines anderen Menschen kommentieren oder interpretieren daran, achtsam und vorsichtig mit Urteilen über andere umzugehen. Uns nicht treiben oder blenden zu lassen von unseren spontanen Zuschreibungen und Gedanken über andere, sondern zu reflektieren, welchen Einfluss die Situation und unsere eigene Interpretation spielen. Andere auch in schwierige Situation nuanciert und wertschätzend zu betrachten, ist die hohe Kunst eines deeskalierenden und befriedenden Verhaltens.

3.2 Welcher Konflikttyp bin ich

In Konfliktsituationen fällt es uns leichter, unseren Fokus auf die anderen zu lenken, deren Unzulänglichkeiten und Fehlern. Dabei gibt es eine Person im Konflikt, die wir am besten kennen und die womöglich einen Anteil an der Spannung, der schlechten Stimmung oder der ungesunden Kommunikation hat: Wir selbst.

Es lohnt sich, den Blick auf uns selbst zu lenken und zu reflektieren, wie wir uns in dieser speziellen Konfliktsituation verhalten und warum. Unser Verhalten und unsere Kommunikation stehen im Wechselbezug mit dem Handeln und der Kommunikation unserer Konfliktpartner. Was wir tun, sagen oder lassen beeinflusst die Interaktion mit anderen. Wie eine Spirale schraubt sich die Dynamik zwischen uns und anderen in die Höhe. Im Konflikt entsteht ein Wie-du-mir-so-ich-Dir- Kreislauf (Abb. 3.5).

> Wie direkt diese Wechselbeziehung ist, lässt sich in einem simplen Selbstexperiment testen. Gehen Sie zum Bäcker, strahlen die Mitarbeiter an der Theke an und sagen sehr freundlich „Guten Morgen" evtl. noch mit einem Verweis auf den guten Geruch im Laden, dem schönen Wetter draußen. Beobachten Sie, wie sich der kurze Verkaufskontakt entwickelt. Wiederholen Sie das Experiment ein paar Tage später und bleiben sie jetzt kurz angebunden und neutral. Was passiert jetzt?

Selbst wenn Sie das Experiment nicht dem Bäcker, sondern nur in Ihrem Kopf durchspielen, entstehen zwei unterschiedliche vielleicht sogar gegensätzliche Situationen.

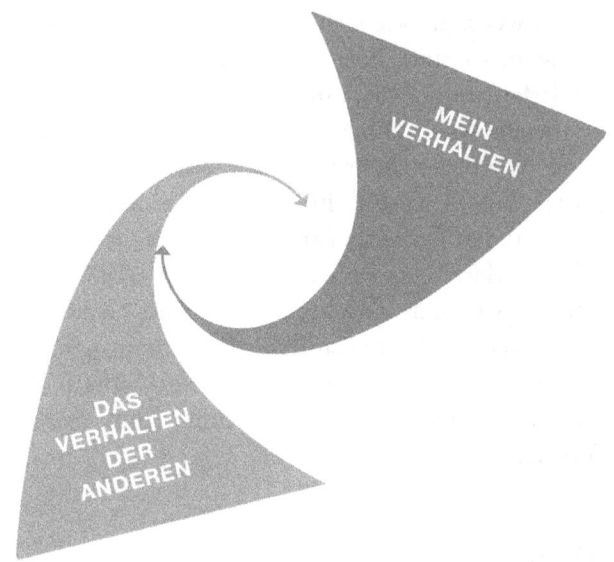

Abb. 3.5 Wechselbezug unseres Verhalten

Eine weitere bekannte Volksweisheit zu dieser Wechselbeziehung der Kommunikation ist: **Wie man in den Wald ruft, so ruft es zurück.** Wir kennen das Prinzip alle und doch gelingt es uns im Konfliktfall meistens nicht, unsere Rufe aktiv zu steuern. Wir reagieren auf die Reaktion der anderen intuitiv, passen uns dessen Duktus an und drehen uns immer weiter in schlechte Stimmung und gegenseitige Ablehnung.

Neben der spontanen Flugrichtung des Bumerangs unseres Verhaltens in einer bestimmten angespannten Situation, gibt es Tendenzen, bevorzugte Flugbahnen, wie wir in einer Konfliktsituation eher regieren. Muster, die sich immer wieder zeigen im Streit mit anderen. Wer diese Muster, die in bestimmten Konfliktsituationen regelmäßig auftreten (z. B. bei Konflikten in der Familie oder am Arbeitsplatz) bei sich oder bei anderen erkennt, kann sich besser auf den anderen einstellen und sich selbst deeskalieren.

Zwei mögliche Einteilungen von **Konflikttypen** werden im Folgenden beschrieben. Die erste Kategorisierung ist von Persönlichkeitstypen abgeleitet und wie diese streiten, die zweite Betrachtung bezieht die Situation des Konflikts mit ein und mögliche Lösungsoptionen.

Flucht, das wurde bereits beschrieben, ist eine häufige erste Reaktion auf einen auftauchenden Konflikt. Doch wie geht es danach weiter, wenn wir feststellen, dass der Konfliktriese immer größer wird. Unterschiedliche Konflikttypen regieren verschieden im Falle eines manifesten Streits.

Wie immer bei einer Kategorisierung, wird mit Beschreibungen unterschiedlicher (Stereo)Typen gearbeitet, die auf entgegengesetzten Polen beschrieben werden. Beim Versuch sich selbst zu verorten, ist es nicht entscheidend, dass alle beschriebenen Eigenschaften vollständig zutreffen, sondern dass wir eine Tendenz innerhalb der folgenden unterschiedlichen Konflikttypen erkennen können, die mehr oder weniger auf uns zutrifft. Zunächst werden fünf Konflikttypen beschrieben: **der extrovertierte, direkte Konflikttyp, der introvertierte, vermeidende Konflikttyp, der detailorientierte, sachliche Konflikttyp, der intuitive, empathische Konflikttyp und der analytische, offene Konflikttyp.** Es erfolgt eine Analyse und Reflektion unserer Stärken und Schwächen, zur eigenen Weiterentwicklung unserer Konfliktfähigkeit. Im dritten Schritt gebe ich Hinweise zum Umgang mit den unterschiedlichen Konflikttypen im Konfliktfall.

Die männliche Form in den kommenden Beschreibungen bezieht sich auf den „Konflikttyp" und soll keinesfalls suggerieren, dass die beschriebenen Typen männlich sind.

Der extrovertierte, direkte Konflikttyp
Dieser Konflikttyp spricht Konflikte meistens und nach kurzer Zeit offen und direkt an und kämpft für seine Ziele. Fühlt dieser Konflikttyp eine Unstimmigkeit, dann wartet er nicht lange, diese auch anzusprechen. In seiner Vorstellung können Probleme schnell durch Diskussion und Argumentation gelöst werden, deshalb scheut er sich nicht Konflikte zu thematisieren. Extrovertierte Konflikttypen sind überwiegend konfliktfähig, weil sie die Konflikte direkt angehen und damit deren Eskalation verhindern können. Manchmal jedoch fehlt ihnen das Gespür der richtigen Situation, des richtigen Moments Probleme anzusprechen. Dieser Typ ist in der Regel von seinem eigenen offensiven und direkten Vorgehen überzeugt, und sieht nicht, dass diese Art andere einschüchtern könnte. Z. B. wenn ein Konflikt in einer großen Runde angesprochen wird oder ein für den anderen peinliches, oder unangenehmes Thema direkt und ohne großes Umschweifen adressiert wird. Auch findet man bei diesem Konflikttypen Menschen, die dazu neigen, Recht haben zu wollen. Sie tendieren dazu auf ihrer Meinung zu beharren, andere zu kritisieren und überfahren die Gegenseite mit einem Wortschwall. Auch die Schuld bei gescheiterten Konfliktlösungen suchen sie gerne bei anderen.

Der introvertierte, vermeidende Konflikttyp
Konflikte werden erst einmal nicht offen angesprochen. Dieser Konflikt Typ tendiert dazu, Konflikte auszusitzen. In seiner Wahrnehmung führt ein Konfliktgespräch oft dazu, dass sich der Streit nur unnötig vergrößert oder ausdehnt und das möchte er unbedingt vermeiden. Die Klärung von Problemen wird, wenn möglich, vermieden. Manchmal führt das dazu, dass sich etwas aufstaut und dann wie bei der Metapher des überlaufenden Fasses, es bei einem nichtigen Anlass zu einer Überreaktion kommt. Es kann dabei passieren das auch zurückliegende, alte Geschichten auf den Tisch kommen und eine Atmosphäre der großen „Abrechnung" entsteht. Die Konfliktpartner fühlen sich dadurch häufig eingeschüchtert und überrascht.

Der detailorientierte, sachliche Konflikttyp
Für ihn zählen Fakten. Er ist fest davon überzeugt, dass sich Konflikte am besten lösen lassen, wenn sie auf der Sachebene besprochen werden. Konflikte auf dieser Ebene spricht er direkt an. Er wünscht sich, dass alle Parteien faktischen und sachlich argumentieren. Sobald Emotionen ins Spiel kommen, die Sachebene verlassen wird und Aspekte aus der Beziehungsebene hinzukommen, wird das Gespräch schwierig für ihn. Eine häufige Erwiderung ist dann, dass Argumente auf dieser Ebene nicht aussagekräftig seinen und er somit nicht weiter darauf eingehen werde. Damit wird eine Einordnung der Wichtigkeit der Themen von ihm vorgegeben. Seine Themen auf der Sachebene sind relevant, die Themen der anderen u. a. auf der Beziehungsebene nicht. Das kann von den Konfliktpartnern als eine Überordnung, ein Von-Oben-Herab-Kommunizieren empfunden werden und führt folglich häufig zu einer Eskalation.

Der intuitive, empathische Konflikttyp
Ihm geht es bei Konflikten um das große Ganze, um die Gesamtsituation. Er ist auf der Suche nach Hintergründen, Interessen und Motiven des Konfliktes. Dabei spielen die Fakten eine nebensächliche Rolle. Sein Fokus richtet sich dabei häufig stärker auf die anderen als auf sich selbst. Beinahe psychoanalytisch können seine Beobachtungen und Zusammenfassungen klingen. Bei Konflikten, die hauptsächlich auf der Sachebene stattfinden, kann diese Vorgehensweise dazu führen, dass der Konflikt künstlich aufgeblasen wird und sich die Dinge verkomplizieren. Durch seinen starken Fokus auf die anderen bleibt seine eigene Rolle, sein eigener Anteil am Konflikt nicht selten im Hintergrund.

Der analytische, offene Konflikttyp

Dieser Typ kann gut mit offener Kritik umgehen. In einer Konfliktsituation verlangt er die Offenheit von anderen und ist selbst bemüht, seine Standpunkte offen zu kommunizieren. Ihm geht es in erster Linie darum, einen für beide Seiten *gerechte* Lösungen zu finden. Dabei ist ihm ein transparenter und gerechter Weg dahin wichtig. Er sieht die Klärung eines Konflikts wie die Bearbeitung eines Projekts. Transparent, offen und analytisch, so geht er vor und wünscht sich das auch von den Konfliktpartnern. Mit emotionalen Reaktionen kann er wenig anfangen. Konfliktpartner, die Zum Beispiel empfindlich auf Kritik reagieren, finden sein Verständnis nicht. Er ist der Meinung, dass möglichst alles, Positives und Negatives offen ausgesprochen werden muss, um einen Konflikt zu klären. Diese Offenheit kann auch im interkulturellen Kontext für Irritation sorgen bei Menschen aus Kulturen, die Kritik als einen Gesichtsverlust empfinden und mit dieser Art der Offenheit nicht vertraut sind.

> Fühlen sie sich von einer oder mehreren Beschreibungen an ihr eigenes Verhalten erinnert? Welche Aspekte der Beschreibung sind das genau? Welche Eigenschaften meines persönlichen Konflikttyps sind positiv und wie lassen sich diese weiter ausbauen und erhalten? Wo liegen die Schwächen in meinem persönlichen Umgang mit Konflikten? Wie kann ich daran arbeite?

Kein Konflikttyp ist besser oder schlechter als der andere. Wie bereits bei den Persönlichkeitstypen, geht es nicht darum, zu urteilen, sondern die Verschiedenheit anzuerkennen, die eigenen Schwächen im Konfliktverhalten zu reflektieren und Schritt für Schritt zu verändern.

Zum Beispiel, wenn wir uns im **extrovertierten, direkten** Konflikttypen wiederfinden, dann gilt es die offene und direkte Art zu bewahren, mit der wir Konflikte ansprechen. Es ist in den allermeisten Fällen gut und richtig, Konflikte an der Wurzel zu packen und zu klären, bevor sie weiter eskalieren oder zu langfristigen kalten Konflikten werden. Wir können uns jedoch darüber Gedanken machen, wie wir das tun. Wie wir andere auf den Konflikt ansprechen. Haben wir schon mal beobachtet oder das Feedback erhalten, dass sich unser Gegenüber von uns überrumpelt oder eingeschüchtert fühlt, dann könnte unser Lernfeld darin liegen, den richtigen Moment, den richtigen Rahmen oder die richtigen Worte zu finden. Es hilft uns nicht, wenn wir den Konflikt zwar direkt adressieren, unsere Konfliktpartner damit aber überrumpeln und in eine Schockstarre geraten oder mit Flucht reagieren. Allein können wir zwar etwas durchsetzen oder etwas anordnen, die Interessen des anderen sind dabei jedoch nicht mit einbezogen. Um einen Konflikt nachhaltig und selbstbestimmt zu klären brauchen wir einen Verbündeten und das ist unser Konfliktpartner.

Wenn wir uns eher mit dem **introvertierten, vermeidenden** Typen identifizieren, dann können wir uns die positive Eigenschaft erhalten, dass wir in Konflikten vermutlich nicht das Bedürfnis haben die Situation zu eskalieren und „eine Mücke zum Elefanten zu machen". Das ist etwas Gutes, wir streiten nicht um jeden Preis, sondern wägen ab, ob nicht eine Lösung des Konflikts auch durch dessen Vermeidung möglich wäre, weil wir z. B. aus unserer Erfahrung mit diesem Konfliktpartner wissen, dass nach ein paar Stunden der Rauch verzogen sein wird. Für diese Typen ist jedoch wichtig zu überlegen, wie er auf Dauer seine eigenen Interessen durchsetzen kann. Auch die Thematik des „überlaufenden Fass" ist für diesen Konflikttypen wichtig zu reflektieren. Tendiere ich dazu Themen so lange in mich hineinzufressen, bis mir irgendwann der Geduldsfaden reißt? Wie verhalte ich mich dann? Und welche Gegenreaktion habe ich dabei schon erlebt?

Sie können zum Beispiel daran arbeiten, das „innere Fass" zu verkleinern oder ein „Alarmsystem" einrichten, sodass sich nicht so viele Punkte anstauen, sondern schon früher Themen auf den Tisch kommen und angesprochen werden. Wenn ich weiß, dass ich ein introvertierter, vermeidender Konflikttyp bin, kann ich ganz bewusst das nächste Mal darauf achten, die Schleusen früher zu öffnen und mir Strategien zurecht zu legen, dass mir das besser gelingt.

Der **detailorientierter, sachliche** Konflikttyp kann sich auf seine Klärungsqualitäten bei Konflikten über Fakten verlassen. Das ist eine Stärke. Wer über diese Qualität verfügt, kann diese zum Beispiel im Arbeitsbereich seinem Team als Moderator anbieten. Wenn es eine Auseinandersetzung auf der Sachebene gibt- zum Beispiel über neue Entwicklungen, Projektfortschritten oder Monitoring- übernimmt dieser Typ gerne und effizient Klärungsmoderation.

Die Entwicklungsfelder dieses Typs liegen auf der Ebene der Beziehungen. Kaum ein Konflikt findet ausschließlich auf der Sachebene satt. Eine Anerkennung der Themen der anderen und die Auseinandersetzung von Themen, die außerhalb der Sachebene liegen, können diesem Typen helfen, auch Konflikte anderer Art zu klären und besser damit umzugehen. Der erste Schritt ist das Wissen darüber, dass es neben der Sachebene eine Beziehungsebene gibt und sich beide Ebenen gegenseitig beeinflussen. Das erfordert eine Qualität des Zuhörens, um zu verstehen welche Interessen auf der Beziehungsebene von den Konfliktpartnern geäußert werden. Im Kap. 5 geht es um Techniken, das Zuhören zu verbessern.

Der *intuitive, empathische* Typ ist ein guter Konfliktklärer. Seine Qualitäten liegen darin, anderen zu helfen, ihre Interessen hinter den Positionen herauszuarbeiten und die Hintergründe des Konfliktes zu erhellen. Dieser Konflikttyp fragt viel, er ist ernsthaft an Menschen und ihren Geschichten interessiert und meistens auch bereit, Dinge von sich Preis zu geben. Wenn Sie ein solcher Konflikttyp sind, dann passiert es Ihnen sicher häufig, dass Menschen, die in Konflikten stecken, bei Ihnen einen Rat suchen. Sie haben das Gefühl, bei Ihnen auf offene Ohren zu stoßen und sehen ein tieferes Interesse an den Zusammenhängen des Konflikts. Diese Eigenschaft ist auch bei der Klärung eigener Konflikte sehr hilfreich, weil das Bemühen andere zu verstehen, dem Gesprächspartner eine Wertschätzung vermittelt. Empfundene Wertschätzung löst positive Gegenreaktion aus und wirkt deeskalierend.

Die Herausforderung für die intuitiven Typen ist, die Situation manchmal „gut sein zu lassen". Nicht jeder Konflikt bedarf einer tiefen Klärung und nicht jeder Streit hat einen komplexen Hintergrund. Manchmal hilft es, an der Wasseroberfläche zu fischen und nicht zu tief zur stochern, um zu viel Schlamm aufzuwirbeln. Wenn Sie sich mit dem intuitiven Konflikttypen identifizieren, achten Sie zusätzlich darauf, dass Sie im Konflikt nicht zu sehr auf die anderen schauen und deren Beweggründe interpretieren und sich selbst dabei aus dem Auge verlieren.

Der **analytische, offene** Konflikttyp ist robust. Mit Kritik kann er gut umgehen. Das ist eine sehr positive Eigenschaft, um sich selbst weiterzuentwickeln und wertvolle Rückmeldung von anderen über deren Wahrnehmung unseres Handelns und Verhaltens zu bekommen. Eine gesunde Kritikfähigkeit wird von anderen wahrgenommen und führt dazu, dass sich unser Umfeld eher „traut" Feedback zu geben. Feedback sollten wir als Geschenk und eine Möglichkeit zur Weiterentwicklung aufnehmen. Im Konfliktgespräch ist diese Offenheit besonders hilfreich, um konstruktive Lösungen zu finden.

Wir schließen häufig von uns auf andere. Wie wir reagieren und kommunizieren, ist uns vertraut, intuitiv und nahe. In der Stresssituation eines Konflikts, nimmt unser Denken und Verhalten einen gefährliche Abkürzung- wir tendieren dazu von anderen uns ähnliche Qualitäten und (Kommunikations-) Verhalten zu verlangen. Dabei kann besonders dieser Konflikttyp übersehen, dass nicht jeder so gut mit Offenheit und Kritik umgehen kann. Auch im interkulturellen Kontext ist das ein sensibles Thema: Offenheit und direkte Äußerung von Kritik kann hier Konflikte eskalieren und zum Gesprächsabbruch führen. Die Gesprächspartner können das Gefühl bekommen angegriffen zu werden und dabei ihr Gesicht zu verlieren. Diese Sensibilität, dass nicht alle Menschen Kritik und Direktheit in gleicher Weise verstehen und kulturell oder persönlich verarbeiten können, ist ein Lernfeld dieses Konflikttypen.

Selbstreflektion und Selbsterkenntnis sind Ausgangspunkte auf unserem Weg zur Verhaltensänderung. Ein Konflikt ist (vom inneren Konflikt abgesehen), keine Einbahnstraße, sondern eine Wechselbeziehung mit anderen. Je besser Sie einschätzen können, zu welcher Art der Konfliktbewältigung Ihr Gegenüber tendiert, desto besser können Sie ihre Konfliktklärungsstrategie darauf anpassen.

An dieser Stelle nochmals die Erinnerung, dass Sie bei Ihrer Einschätzung der Konflikt- Persönlichkeit der anderen, unbewusst dazu tendieren Ihre eigenen Wahrnehmungen zu überbewerten und dass die Situation, neben den Persönlichkeitsmerkmalen einen wichtigen Einfluss auf unser Verhalten hat.

Nehmen Sie einmal an, Sie haben eine Kollegin, mit der Sie häufiger Auseinandersetzungen haben und sehen in ihr Merkmale eines extrovertierten Konflikttypens. Welche Verhaltensweise im Konflikt ist in diesem Fall für Sie empfehlenswert?

Extrovertierte Konflikttypen haben ein direktes Redebedürfnis. Es ist für sie erleichternd, diesem Bedürfnis nachzukommen und in sehr direkter Art ihre Sichtweise wortreich darzustellen. Es empfiehlt sich, Geduld zu haben und in Ruhe zu versuchen, die Sichtweise das Gegenüber zu verstehen. Bei Menschen, die viel sprechen, besonders dann, wenn sie aufgeregt sind, empfiehlt es sich Sprechpausen sanft zu erzwingen. Das gelingt mit der Technik des aktiven Zuhörens, bei der die gehörten Inhalte in eigenen Worten zusammengefasst werde. Über meine Körpersprache (ein leichtes Vorbeugen, Öffnung des Mundes, heben einer Hand u. a.) gebe ich das Signal, dass ich gerne einhaken würde. Wie ein Einfädeln auf der Autobahn kann sich das anfühlen. Im richtigen Moment ergreife ich das Wort und fahre mit dem Fluss. Dazu schalte ich nicht zu früh auf Gegenrede um, sondern bemühe mich erst einmal zu verstehen, worum es dem anderen geht. Ich höre und fasse zusammen, was ich verstanden habe und hole mir Rückmeldung ab, ob das von mir Widergegebene richtig ist. Durch diese Technik wird ein Redeschwall unterbrochen und das Gespräch wird strukturiert.

Der **extrovertierte** Konflikttyp neigt aufgrund seines nach außen gerichtetem Charakter dazu, Vorwürfe oder Klagen über seine Konfliktpartner, Kollegen, Gesprächspartner oder nicht anwesende Dritter sehr deutlich auszusprechen. Versuchen Sie an dieser Stelle bewusst nicht mit Gegenvorwürfen oder Rechtfertigungen zu reagieren, sondern das Gespräch auf die Sachebene zurückzuführen. Der direkte Konflikttyp agiert selbst häufig emotional und ist für Argumente auf dieser Ebene offen. Wenn Sie sich von ihm im Gespräch verletzt oder verärgert fühlen, dann ist eine mögliche Strategie, sich selbst zu offenbaren und das Gefühl zu benennen.

Mit einem extrovertierten Konflikttypen kann gut ein Konsens gefunden werden, wenn das Gespräch strukturiert wird, auf Angriffe nicht mit Gegenangriff reagiert wird und die Beziehungsebene nicht einseitig bearbeitet wird, sondern beide Konfliktpartner Emotionen zeigen und benennen.

Wenn sie einen **introvertierten** Konflikttypen in Ihrem nahen beruflichen oder privaten Umfeld haben, der lange nichts sagt und dann die Tendenz hat zu explodieren, lohnt es sich, regelmäßig nachzufragen, ob alles gut ist, es irgendwo Probleme gibt, er oder sie sich wohl fühlt, usw. Zeigen Sie und äußern Sie bewusst Offenheit für Auseinandersetzung. „*Du kannst mir sagen, wenn Dich etwas stört*", „*mir ist es wichtig, wenn wir regelmäßig über unserer Zusammenarbeit sprechen*" „*ich freue mich über Dein Feedback*". Vereinbaren sie regelmäßige Gespräch, über Ihre Zusammenarbeit (wenn sie ein Team sind) oder über Ihre Beziehung, wenn sie eine Familie oder befreundet sind. Diese Gespräche können ohne Anlass stattfinden, sie bieten Möglichkeit, Druck abzulassen, die Empfindung des anderen besser einschätzen zu können, gegeben falls zu deeskalieren und ein „Fassüberlaufen" zu vermeiden. Achten Sie bei introvertierten Konflikttypen verstärkt auf die Körpersprache und lernen Sie, zwischen den Zeilen Andeutungen eines sich zusammenbrauenden Sturms zu hören.

Wenn es zu einer Aussprache kommt, die bei Ihrem Gegenüber lange aufgestaut war, dann ist es wahrscheinlich, dass der introvertierte Konflikttyp mit vorgefertigten, „im stillen Kämmerlein" ausgetüftelten Lösungen kommt. Um zu gemeinsamen und haltbaren Lösungen zu kommen, braucht es jedoch eine Öffnung des Raums und die Einbeziehung der Interessen aller Beteiligten. Es kann helfen deutliche zu machen, dass Lösungen Zeit brauchen und nicht einseitig vorgezeichnet und den anderen übergestülpt werden können. Wenn Sie sich mit vorgefertigten Lösungen konfrontiert sehen, dann sprechen Sie das direkt an und erklären, was Sie brauchen, um Lösungen zu finden. Es kann sein, dass Sie zuerst besser verstehen möchten, was die Interessen des anderen sind, Raum brauchen, Ihre eigenen Interessen zu formulieren oder auch gemeinsam Optionen für gute Lösungen entwickeln möchten.

Wenn Sie mit einem **detailorientierten** Konflikttypen streiten, ist es entscheidend, sich Gehör auch auf der Beziehungsebene erschaffen. Die wenigsten Konflikte sind rein sachlicher Natur. Selbst bei einem vermeintlichen Streit um Fakten, geht es oft tiefere Ursachen. Ein Beispiel sind

Konflikte über Lohnanpassungen. Vordergründig geht es um die Frage von mehr oder weniger Geld am Ende des Monats- diese numerische Ebene ist faktisch. Dahinter können jedoch Bedürfnisse wie Wertschätzung, Anerkennung oder Sicherheit stehen, das sind Aspekte, die die Beziehungsebene berühren. Andere Konflikte spielen sich vorwiegend auf der Beziehungsebene ab. Der detailorientierte Konflikttyp ist auf dem Ohr der Beziehungsebene schwerhörig. Er sieht die Fakten und kommt immer wieder darauf zurück. Alle anderen Themen, die nicht sachlicher Natur sind, versucht er vom Tisch zu wischen. Dabei kann es passieren, dass der detailorientierte Konflikttyp die auf der Beziehungsebene liegende Aspekte und Argumente seines Gegenübers als Unsinn abtut. Das kann verletzend und frustrierend sein. Stoppen Sie ihren Gesprächspartner an diesen Stellen bewusst und erklären ihn, was Sie in diesem Gespräch beobachten und was Sie dabei empfinden: *„Ich habe Dir etwas Wichtiges offenbart, was aus meiner Sicht Teil dieses Streits ist, es verletzt mich, dass du nicht darauf eingehst oder dies als nicht relevant bezeichnest. Bitte versuche auch, meine Themen zu hören und nicht nur auf der Sachebene mit mir zu diskutieren."*

Um sich im Konflikt mit diesem Typen Gehör zu verschaffen, kann es helfen, die Beziehungsebene überzubetonen, die Selbstoffenbarung der eigenen Gefühle besonders ausführlich und deutlich zu adressieren und zu insistieren, solange wir uns nicht gehört fühlen. Es geht darum, eine Balance herstellen zwischen dem starken Fokus unseres Gesprächspartners auf die Sachebene und der Beziehungsebene, die ebenso eine Rolle in diesem Konflikt spielt. Wie bei einer Wippe auf dem Spielplatz ist es nicht wichtig, dass unser Gewicht, unserer Argumente zur gleichen Zeit in die Luft gewirbelt werden. Dann würden wir stehen bleiben, die Wippe in Ruhe und wir mit den Füßen in der Luft. Das geschmeidige Hin und Her, das Rauf und Runter ist wichtig, für ein ausgeglichenes Konfliktgespräch. Die Sachebene nimmt Raum ein aber auch die Beziehungsebene. Der Konfliktpartner hat Zeit und Raum zu sprechen aber auch wir.

Der **intuitiven** Konflikttypen braucht in manchen Situationen eine Bremse. Er liebt es, das Große, Ganze zu betrachten und kann sich dabei in Nebengassen verirren. In einer Konfliktklärung erscheint die Situation dann komplizierter als sie vielleicht eigentlich ist. Zu viele Nebenschauplätze können das Hauptgeschehen stören und die Beteiligten auf dem Weg ihrer Klärung verwirren. Es hilft den Konflikt mit dem intuitiven Typen zu strukturieren. Stellen Sie Fragen, worum es ihm im Kern geht, was ist am wichtigsten zu besprechen und in welcher Reihenfolge. Versuchen Sie Interpretationen außen vor zu lassen und zuerst das offensichtliche Problem gemeinsam angehen. Die Konzentration sollte darauf liegen, dass jeder bei sich bleibt und nicht der intuitive Konflikttyp für andere mitdenkt, mitspricht und Aussagen interpretiert. Sollte Ihr Gesprächspartner doch immer wieder in Seitengassen einbiegen und neue Verbindungen und Zusammenhänge herausarbeiten, dann äußern Sie Ihren Wunsch, beim Kernthema zu bleiben. In größeren Runden oder einem komplexeren Thema, kann eine Agenda helfen. Erst wenn sie darüber ein gemeinsames Verständnis über das aktuelle Thema haben, können sie auch die größeren Zusammenhänge betrachten, wenn das sinnvoll für die Klärung ist. Strukturieren und Fokussieren und die eigenen Themen im Auge behalten, das ist die Herausforderung bei der Konfliktklärung mit dem intuitiven Konflikttypen.

Der **analytische** Konfliktpartner ist lösungsorientiert, eine konstruktive, gemeinsame Klärung, kann gut funktionieren.

Ihr Eingreifen ist erforderlich, wenn Sie feststellen, dass der Analytiker sich in Detailfragen festbeißt. Häufig geht es dabei um Gerechtigkeitsmaßstäbe des Klärungsprozesses und der Lösung. Diese Verfahrensgerechtigkeit ist hilfreich, um für alle Beteiligte einen fairen Prozess zu ermöglichen und Vertrauen in die Lösung zu etablieren, sie kann aber auch pedantisch werden und vom eigentlichen Konflikt ablenken. Der Analytiker hinterfragt Dinge kritisch und kann selbst gut mit Kritik umgehen, es kann ihm jedoch die Empathie fehlen, seine eigene Kritik so zu formulieren, dass sie sich andere dadurch nicht verletzt fühlen. Denn wer verletzt ist, schafft es nicht offen und im gegenseitigen Vertrauen Lösungen zu finden. Deshalb ist es in der angespannten Kommunikation mit diesem Typen besonders wichtig, sofort gegenzusteuern, wenn sie spüren, dass Feedback oder Kritik ihres Gegenübers bei Ihnen auf einen emotionalen Resonanzboden trifft. Versuchen Sie, auszusprechen, was Sie empfinden, wenn Sie in dieser Form kritisiert werden und bitten Sie Ihren Gesprächspartner wertschätzend und achtsam zu formulieren. Auch wenn der analytische Konflikttyp manchmal über das Ziel hinausschießt in seiner Direktheit und seinem Bedürfnis, Situationen kritisch zu analysieren, versteht er in der Regel Einwände und Bitten zur Art und Weise seiner Kommunikation und ist bereit, daran zu arbeiten und auf andere einzugehen.

Diese Einteilung der Konflikttypen ist auf die Merkmale von Persönlichkeiten basiert. Es gibt auch eine andere Betrachtung, die stärker die Situation und mögliche Lösungen des Konflikts in den Fokus rückt.

Im folgenden Kapitel wird schematisch dargestellt, auf welche Art Konflikte beendet werden können und wie die unterschiedlichen Lösungs-Präferenzen mit Konflikttypen zusammenhängen.

3.3 Welche Arten von Konfliktlösungen gibt es

Es gibt mehrere Arten, Konflikte zu lösen.

Betrachtet man Konflikte in der einfachsten Definition als ein Aufeinandertreffen unterschiedlicher Interessen, dann kann die Art der Konfliktlösung daran gemessen werden, wie sehr die eigenen Interessen oder die Interessen der anderen dabei beachtet werden.

Je nachdem wie stark die Lösungen an den eigenen oder den Interessen der anderen ausgerichtet werden, unterscheiden wir die Konfliktklärungen **Vermeiden, Durchsetzen, Nachgeben, den Kompromiss und den Konsens** (Abb. 3.6).

Das Vermeiden
Es kann bei manchen Konflikten sinnvoll sein, der Situation aus dem Weg zu gehen. Flucht als Konfliktlösung. Ein sehr plastisches und einfaches Beispiel dafür ist unserer Begegnung mit einem Hai bei unserem Schnorchel Gang im Meer.

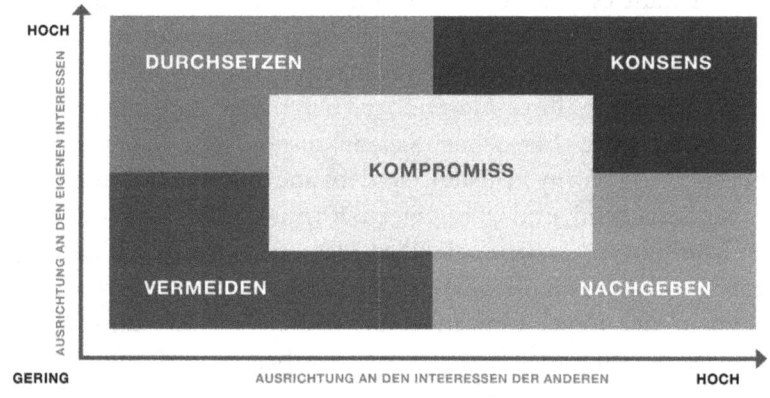

Abb. 3.6 Konfliktklärungsmöglichkeiten

> **Beispiel**
>
> *Der Hai hat Hunger. Sein Interesse ist es zu essen. Wir möchten Die Aussicht auf schöne Korallen-Welten genießen und dabei entspannen. Das ist unser Interesse. Der Hai taucht auf und wir entscheiden uns für die Flucht. Sie gelingt uns und wir sitzen erschöpft am Strand. Weder hat der Hai sein Interesse durchsetzen können und in uns eine leckere Mahlzeit gefunden, noch konnten wir unser Interesse verfolgen, weiter die schönen Korallen-Welten anzuschauen. Dennoch war die Flucht für uns eine gute Konfliktlösung. Da zwar unser ursprüngliches Interesse nicht erfüllt wurde aber ein anderes Interesse plötzlich Priorität einnahm, das Grundbedürfnis am Leben zu bleiben.*

Es gibt noch andere Beispiele, in denen ein Vermeiden eines Konflikts, eine richtige Strategie sein kann: Wenn wir wissen, dass wir in Zukunft nichts mehr mit unseren Konfliktpartnern zu tun haben werden und uns das Durchsetzen unsere Interessen in diesem Moment weniger wichtig erscheint, als zum Beispiel eine weitere langwierige Diskussion zu führen.

Beim Vermeiden eines Konfliktes, erreicht keiner der beiden Parteien sein eigentliches Interesse, das eigentlich Gewollte, Beabsichtigte.

> **Beispiel**
>
> *Ich erinnere mich an einen eigenen Konflikt mit einem Immobilienmakler. Ich war auf der Suche nach einer passenden Wohnung und dieser Immobilienmakler vermittelte eine Wohnung, die mir gefiel. In der Verhandlung über Einzugstermin und Zusatzkosten entstand ein Konflikt zwischen uns. Faktisch wären diese Punkte zu klären gewesen, wir lagen nicht weit voneinander entfernt. Der Immobilienmakler hatte jedoch eine sehr insistierende Art. So rief er mich zum Beispiel mehrmals hintereinander an, wenn ich nicht sofort den Anruf beantwortete konnte, da ich in einem Meeting war. Er stand unangekündigt vor meinem Büro, um mit mir Details zu besprechen und wurde mir menschlich immer unangenehmer. In diesem Fall habe ich die Vermeidung des Konfliktes und meines Konfliktpartners vorgezogen. Auch wenn ich diese Wohnung wirklich toll fand und mein eigentliches Interesse darin lag dort einzuziehen, war mir die Beziehungsebene, selbst wenn sie nur absehbar von kurzer Dauer gewesen wäre, so anstrengen, dass ich mich entschieden habe, meine Traumwohnung dafür aufzugeben. Auch der Immobilienmakler, dessen Interesse natürlich war, mir diese Wohnung zu vermitteln, ging am Ende leer aus.*

Ein weiteres Beispiel für die Wahl der Strategie Konflikte zu vermeiden, können Auseinandersetzungen mit Personen sein, die geistig verwirrt sind oder sich in einer psychologischen oder physiologischen Ausnahmesituation befinden. Das sind moralisch und menschlich schwierige Situationen, da wir, ohne die Selbstbestimmung und Autonomie anderer Menschen zu untergraben, gezwungen sein können zu entscheiden, ob die geäußerten Interessen umsetzbar sind, moralisch vertretbar sind oder z. B. die Person nicht gefährden. Unsere Interessen wiederum können in dieser Ausnahmesituation der Kommunikation unnötigen Druck oder Angstgefühle bei unseren Gesprächspartnern erzeugen oder schlicht falsch verstanden werden. Wenn wir das Gefühl haben, dass die Voraussetzungen der Streitbarkeit (z. B. aufgrund einer stark eingeschränkten Selbstbestimmungsfähigkeit) nicht gegeben sind, dann kann ein richtiger Weg sein, Konflikte zu vermeiden.

Das Durchsetzen

Eine weitere Konfliktklärung ist das Durchsetzen. Ein weiteres einfaches Beispiel aus der Tierwelt, dem Sie zu Beginn des Buches schon begegnet sind, ist folgendes. Sie stehen Prärie und vor ihnen taucht ein Tiger auf. Ihr Interesse ist, zu überleben. Der Tiger hat Hunger. Zum Glück sind sie mit Betäubungspistolen ausgestattet und wählen diese Klärung. Piff paff. Der Tiger sinkt zu Boden und sie kommen mit ihrem Leben davon. Sie haben ihre Interessen in diesem Fall gewaltsam durchgesetzt. Der Tiger sinkt mit leerem Magen in einen tiefen Schlaf und wacht mit noch leerem Magen davon später auf.

Ein anderes komplexeres Beispiel für Durchsetzung im Konfliktfall sind hierarchische Entscheidungen.

> **Beispiel**
>
> *Eine Kundin von mir ist Werksleiterin und verantwortet eine gesamte Produktionseinheit mit über fünfhundert Angestellten. Sie hat moderne Führungskonzepte verinnerlicht und versucht, wann immer es geht mit Partizipation, Dialog- und Feedback-Verfahren zu arbeiten. Manchmal aber ist es nötig und wichtig Entscheidungen im Konfliktfall durchzusetzen. Bei einem letzten großen Konflikt ging es um die aus Umrüstung einer Produktionslinie. Die Zeit drängte, weil die dort produzierten Teile in einem nächsten Produktionsschritt benötigt werden. Ein Stau der Produktion hat erhebliche Folgen, da nachfolgende Gewerke nicht weiterarbeiten können, Lieferverzögerung und Vertragsstrafen drohen, die Lager volllaufen und so weiter. Über diese Umrüstung der neuen Produktionslinie entstand ein Konflikt zwischen ihr und dem verantwortlichen Techniker. Unterschiedliche Interessen spielen auch hier eine Rolle. Der Techniker forderte mehr Umbauzeit, um die Schnittstellen zwischen den Geräten zu optimieren. Die Werksleiterin hatte*

den Gesamtprozess im Fokus und ihr Interesse war, möglichst schnell mit der Produktion zu beginnen. In diesem Konflikt spielten auch Themen wie Wertschätzung und Anerkennung der Leistung und Kompetenz des Cheftechnikers eine Rolle. Nachdem sich nach zwei Sitzungen keine Lösung abzeichnete, entschied die Werksleiterin allein über den Zeitplan des Aufbaus der Produktionslinie. Sie entschied sich für einen schnellen Aufbau und keine Optimierung der Schnittstellen. Sie setzte ihre Interessen durch, ohne weiter (zumindest an dieser Stelle) auf die Interessen des Technikers einzugehen. Aufgrund ihrer hierarchischen Überordnung war eine solche Entscheidung möglich.

Ein anderes Feld regelmäßiger Entscheidungen mittels Durchsetzung, sind Arbeitsbereiche, in denen es um Notfall Situationen geht. Sogenannte Kommandostrukturen erfordern die Möglichkeit, Dinge anzuordnen und im Konfliktfall schnell zu entscheiden. Dabei werden nicht unbedingt eigene Interessen verfolgt, sondern Im Sinne der Sachdienlichkeit oder der Einschätzung des Kommandanten gehandelt. Nicht immer steht das im Einklang mit der Truppe, dennoch gibt es eine Akzeptanz, dass diese Klärung im Notfall, wenn keine Zeit verloren werden darf, eine effiziente ist.

Beispiel

Ich hatte eine Mediation mit vierzig Feuerwehrleuten der freiwilligen Feuerwehr. Im Konflikt ging es um ein angespanntes Verhältnis der Mannschaft mit ihrem Kommandanten. Ein Konfliktthema war der Umgang miteinander. Der Konflikt entzündete sich, weil sich die Mannschaft auch außerhalb von Einsätzen von ihrem Kommandanten nicht gehört und herumkommandiert fühlte. Sie machten in der Erzählung einen klaren Unterschied zwischen den ihnen vertrauten und auch akzeptierten Kommando Strukturen während eines Einsatzes und dem Vereinsleben drum herum. Dort fühlten sie sich nicht gehört in ihren Interessen und Bedürfnissen. Immer wieder kam es zu der Situation, dass der Kommandant schon nach kurzer Zeit einer kontroversen Diskussion (zum Beispiel an welchem Wochenende im Sommer das jährliche Feuerwehrfest stattfinden soll) alleine entschied. Auch bei Fragen, wer zur nächsten Schulung mitdarf oder wer die neue Leiter der Jugendfeuerwehr wird, war es der Kommandant, der seine Interessen durchsetzte und Entscheidungen per Anordnung traf. Bei der Mannschaft löste das eine hohe Frustration aus. Die Motivation für diese ehrenamtliche Tätigkeit sank. Austritte aus der Gemeinschaft erhöhten sich und immer häufiger fanden Treffen außerhalb der Feuerwehrwache statt, um den Kommandanten von den Diskussionen untereinander auszuschließen. Diese sich stetig verschlechternder Beziehungen zwischen Kommandanten und Truppe schlug sich irgendwann auch in den Einsätzen nieder. Auch wenn die Truppe hier trainiert war, professionell zu agierte, kam es immer öfter vor, dass Anweisungen vom Kommandeur Zum Beispiel über die Einsatzreihenfolge und Sitzordnung im Fahrzeug nicht mehr befolgt wurden. Der Streit eskalierte so, dass die Auflösung dieser freiwilligen Feuerwehr im Raum stand, was für die Gemeinde größere sicherheitstechnische Folgen

> gehabt hätte. Das Thema konnte nach mehreren Sitzungen geklärt werden. Besonders wichtig dabei war die Einsicht des Kommandanten, dass die Durchsetzung seiner eigenen Interessen im Konfliktfall bei anderen auf Dauer eine Motivationslosigkeit und Frustration hervorruft. Wer immer seine eigenen Interessen hinter die von anderen zurückstellt, der ist irgendwann nicht mehr bereit seinen vollen Einsatz für eine gemeinsame Sache zu geben.

Das Nachgeben

Eine weitere Konflikt Lösung ist das Nachgeben. Wir verfolgen unsere Interessen nicht weiter und geben den Interessen des anderen nach. Als Kinder haben wir alle mehrmals den Spruch gehört „Der Klügere gibt nach". Dieser Spruch bezieht sich in erster Linie auf Situationen, in denen es durch ein Hin und Her der Argumente oder Zankereien zu einem Stillstand kommt. Bevor, so der Hintergrund dieses Sprichworts, keiner etwas hat, beide verlieren und die Stimmung schlecht ist, gibt einer nach, damit es vorangeht. Der Lohn des Nachgebers, so der Volksmund, ist, dass diese Handlung als Klugheit bezeichnet wird. Tatsächlich kann es ein kluger Schritt sein nachzugeben, wenn uns unsere Interessen beispielsweise nicht so wichtig sind und wir nicht das Gefühl haben, wir seien durch die Aufgabe dieser Interessen erheblich beeinträchtigt. Wir geben nach und der Konflikt ist damit beendet. Der dadurch entstandene Frieden, kann uns wichtiger sein als unser Interesse, das wir ursprünglich einmal durchsetzen wollten.

> **Beispiel**
>
> *Ein Beispiel hier ist der Streit zwischen Claudia und Franz. Die beiden sind ein Paar und möchten am Wochenende gemeinsam etwas unternehmen. Claudia würde gerne Fahrrad fahren gehen, weil sie die ganze Woche im Büro sitzt und Lust hat, sich an der frischen Luft zu bewegen. Franz hingegen wünscht sich ein gemeinsames Wochenende auf der Couch. Er möchte so richtig ausspannen und nach Möglichkeit keine Action. Diese unterschiedlichen Interessen führen zu einem kleinen Streit beim Abendessen. Beide möchten gerne etwas gemeinsam unternehmen aber über das Programm gibt es keine Einigung. Claudia ist impulsiv und wird bei dieser Diskussion etwas lauter: „Du wirst noch zur richtigen Couchpotato, so habe ich mir unser Zusammenleben nicht vorgestellt" und Franz erwidert: „Dein Fitnesswahn wird langsam belastend. Ist mit dir eigentlich überhaupt keine Entspannung mehr möglich?" Langsam schaukelt sich der Streit hoch. Beide gehen mit schlechter Stimmung und wortkarg ins Bett. Am nächsten Morgen, es ist Samstag, ist noch keine Klärung in Sicht die Stimmung dafür im Keller. Das Wochenende droht unentspannt und konfliktreich zu werden. Da gibt Claudia plötzlich nach. Sie willigt ein, den Samstag auf dem Sofa zu verbringen. Auch wenn sie damit ihr ursprüngliches*

> Interesse nicht erreicht hat, ist es ihr lieber in dieser Situation nachzugeben und eine schöne Zeit mit Franz zu verbringen, als sich festzubeißen und das Wochenende im Streit zu beenden.

In diesem Beispiel findet eine Abwägung statt zwischen dem was ich aufgebe, wenn ich nachgeben und der Situation, die entsteht, wenn ich nicht nachgebe.

Für die eine oder andere Situation kann dies der klügere Weg sein. Kommt diese Situation häufiger vor oder entwickelt sie sich zu einem Muster einer Beziehung, dann besteht die Gefahr für den Nachgeber in eine Rolle zu kommen, in der er oder sie ständig auf eigene Interessen verzichtet. Da unsere Interessen mit unseren Bedürfnissen verbunden sind, bedeutet ein Verzicht darauf auch gegen unsere Bedürfnisse zu handeln.

Beispiel

Wenn wir nochmal zu dem Beispiel von Claudia und Franz zurückkommen, dann ist es durchaus verständlich und nachvollziehbar, dass Claudia in diesem Fall nachgegeben hat, um ihr gemeinsames Wochenende nicht durch einen Streit zu vergiften. Wenn dies aber zu einem Muster würde, dann würde das bedeuten, dass Claudia, wenn sie gemeinsame Zeit mit Franz verbringen möchte, vermutlich weniger Fahrrad fahren würde, als sie sich das wünscht. Ihr Bedürfnis nach Bewegung, nach körperlicher Aktivität nach einer Bürowoche würde damit nicht erfüllt werden. Langfristig gesehen könnte das dazu führen, dass sich Claudia unausgeglichen und unwohl fühlt.

Natürlich fallen Ihnen als Leser jetzt viele Optionen ein, wie dieses Problem gelöst werden könnte. Claudia könnte allein Radfahren gehen oder dieses an einem anderen Tag machen. Darum geht es hier aber nicht. Es geht darum zu verdeutlichen, dass ein Nachgeben, das zur Regelmäßigkeit wird, in einer Beziehung im Privaten oder am Arbeitsplatz dazu führen kann, dass wir unsere Bedürfnisse nicht erfüllen können und dadurch eine Einschränkung erleben.

Der Kompromiss
Diese Konfliktlösung ist eine der geläufigsten: der Kompromiss. Ein Beispiel aus unserer Kindheit ist der Streit um das „oben schlafen".

> **Beispiel**
> *Bei der Übernachtungsparty mit der Freundin ist das Zentrum der Aufmerksamkeit ein Stockbett mit zwei Etagen: unten und oben. Der Konflikt ist einfach erklärt: beide Kinder möchten oben schlafen. Das ist aufregender, da hat man einen Überblick über das Zimmer, es fühlt sich an wie ein Abenteuer. Oben ist aber nur einen Platz und die Eltern erlauben nicht, dass beide Kinder oben schlafen, weil sie fürchten einer könnte abstürzen. Beide Kinder haben ein Interesse: oben zu schlafen. Bevor die Stimmung kippt, greift die Mutter ein und fragt die Kinder, ob sie vielleicht eine eigene Lösung finden. Die Lösung ist schnell gefunden: heute schläft der Gast oben und das nächste Mal ist das andersherum. Damit die Reihenfolge nicht vergessen wird, schreiben die Kinder einen kleinen Zettel, den sie an die Wand hängen.*

In dieser Lösung sind die Interessen beider Kinder nicht vollständig erfüllt. Wenn sie sich etwas wünschen könnten, würden beide immer oben schlafen. Sie sind aber zum Teil erfüllt, nämlich 50/50. Beispiele für solche Kompromisse gibt es in unserem Leben zahlreiche. Wir sind auf ein reziprokes Handeln trainiert: *Ich gebe dir etwas ab, dann gibst du mir etwas ab.* Wir haben in unserer Kindheit gelernt, dass dieses verhandeln und sich in der Mitte treffen im Alltag häufig und unkompliziert Anwendung findet. Auch das sogenannte Basar- Verhandlungen spielen sich nach diesem Muster ab. Jeder rückt von seiner Position ein bisschen ab, der Verkäufer lässt im Preis nach und der Käufer komm ihm von seinem Minimalangebot entgegen. Dieses „sich in der Mitte treffen" sind klassische Kompromisse.

Der Konsens

Es gibt noch eine Art der Konflikt Klärung, bei der beide Parteien ihre Interessen möglichst vollständig erfüllen. Das ist der Konsens. Die Idee dabei ist, nicht gegeneinander zu verhandeln oder sich in der Mitte zu treffen, nicht nachzugeben oder einseitig etwas durchzusetzen, sondern eine gemeinsame für alle Parteien ideale Lösung zu finden. Das klingt zugegebenermaßen wie aus einem Märchen mit Happy End. Zwei Parteien streiten und am Ende gewinnen beide? Diese Art von Lösung ist in einem den bekanntesten Verhandlungs- Konzepten (dem Harvard Konzept[5]) beschrieben. Folgendes Beispiel aus meiner Praxis fällt mir hierzu ein:

---

[5] Der Originaltitel ist "Getting to yes" und wurde in den 1981 Jahren geschrieben. Fisher, Roger; Ury, William; Patton, Bruce Das Harvard Konzept. 2018.

Beispiel

Es war ein Streit zwischen zwei Unternehmen. Einem Zulieferer und einem Endproduzenten. Der Konflikt entfachte sich, weil der zuliefernde Betrieb eine Komponente nicht in der geplanten Stückzahl zu einem bestimmten Termin liefern konnte. Vertragsstrafen standen im Raum und sogar die Stornierung der Gesamtbestellung. Für beide Betriebe war dieser Streit kritisch und in der Konsequenz sogar existenzbedrohend. Um zu verstehen, worum es den beiden Unternehmen geht, wurden zuerst die Interessen hinter den vertraglichen Formulierungen herausgearbeitet. Schnell wurde deutlich, dass das produzierende Unternehmen weitere Lieferverpflichtungen gegenüber Endkunden und Resellern eingegangen ist, die in Gefahr waren, nicht eingehalten werden zu können, wenn die Komponenten des Zulieferers nicht pünktlich eintreffen. Der Zulieferer hatte Probleme bei der Rohstoffbeschaffung und deshalb die Lieferverzögerung. Das Management hat alles versucht, den benötigten Rohstoff auf anderem Wege zu beschaffen, um doch pünktlich zu liefern. Leider waren diese Bemühungen nicht erfolgreich. Im Laufe des Gesprächs wurde deutlich, dass es für das produzierende Unternehmen gar nicht entscheidend ist, dass die gesamte Stückzahl zu einem bestimmten Termin geliefert wird. Im Gegenteil, es kam heraus, dass es bei dem produzierenden Betrieb ein weiteres davon unabhängiges Problem der Lagerkapazität gab. Der Zulieferbetrieb konnte ohne Probleme das Lieferdatum für eine kleinere Stückzahl einhalten und im Wissen der Lagerkapazität-Probleme seines Kunden wurde angeboten, in Zukunft die Lieferkette anders zu gestalten, sodass die Teile in kleineren Mengen und zeitversetzt zum produzierenden Unternehmen geliefert werden. Das Management des produzierenden Unternehmens, stellte sich im weiteren Gespräch heraus, hat einen Kontakt zu einem Lieferanten das benötigten Rohstoffs und bot an, diesen Kontakt herzustellen, sodass das rohstoffabhängige Lieferrisiko minimiert wurde. Da der Hersteller selbst eine große Menge des Rohstoffs abnimmt und deshalb einen besseren Preis verhandeln konnte, wollten die beiden Geschäftsführer versuchen diesen Preisvorteil auch in die gemeinsame Verhandlung einzubringen. Am Ende war eine konsensuale Lösung gefunden:

- *Ein Teil der Komponente wurde pünktlich geliefert, dies reichte aus, um die weiteren Lieferverpflichtungen des Kunden zu bedienen.*
- *Die Lieferkette wurde verändert, sodass der produzierende Betrieb seine Lagerkapazitäten optimieren konnte.*
- *Die Rohstoffbeschaffung läuft in Zukunft Hand in Hand, was günstige Auswirkungen auf den Preis hat.*
- *Die Geschäftsbeziehung steht auf gefestigten Beinen, das Management hat gesehen, dass kooperative Lösungen untereinander möglich sind, das stärk die langfristige Zusammenarbeit.*

Das ist ein Beispiel für eine typische Win–Win Lösung. Ein anderes sehr bekanntes Beispiel sind die beiden Schwersten und die Orangen.

> **Beispiel**
>
> *Zwei Schwestern streiten um eine Orange. Beide behaupten die ganze Orange zu brauchen. Nach einigem Hin und Her können Sie sich nicht einigen. Sie gehen einen Kompromiss ein und jede der Schwestern bekommt eine Orangenhälfte. Am Abend entdecken die beiden Schwestern Erstaunliches. Im Mülleimer liegen eine halbe Orangenschale und ein halbes Fruchtfleisch. Was war passiert? Eine der Schwestern wollte einen Kuchen backen und brauchte nur den Abrieb der Schale. Die andere Schwester wollte einen Saft pressen und brauchte nur das Fruchtfleisch. Hätten die beiden Schwestern sich über ihre Interessen ausgetauscht, wäre ein Konsens möglich gewesen: Eine hätte die Schale einer ganzen Orangen verwenden können und die andere eine ganze Orange gehabt, um einen Saft zu pressen.*

Die Beispiele zeigen, dass konsensuale Lösungen nicht unbedingt auf der Hand liegen. Es bedeutet Arbeit für die Konfliktparteien dahin zu kommen. Und es braucht in manchen Fällen kreative Lösungen, um alle Interessen aller Parteien zu erfüllen. Wir nennen diese kreativen Lösungen auch eine „Kuchen-Vergrößerung". Nicht nur der Kuchen, der schon auf dem Tisch steht, wird aufgeteilt, sondern er wird vergrößert. Es kommen zusätzliche Früchte oder Sahne hinzu. Diese Vergrößerung der zu verteilende Masse führt zu der Möglichkeit, dass beide Parteien ihre Interessen erreichen und damit als gemeinsame Gewinner hervorgehen. Bei reinen Verteilungskonflikten wie zum Beispiel der Aufteilung eines bestimmten Geldbetrags zwischen zwei Parteien, ist dies nicht ohne weiteres möglich. Was der eine abgibt, bekommt der andere hinzu. Nur wenn die zu verhandelnde Masse vergrößert wird und neue Lösungsoptionen gemeinsam erarbeitet werden kann ein Konsens am Ende erreicht werden.

Von diesen fünf Lösungsmöglichkeiten und allen Nuancen, die dazwischenliegen, können entsprechende Konflikttypen abgeleitet werden. Wie bereits erwähnt, geht es hierbei nicht um statische Persönlichkeitszuweisungen, sondern um Tendenzen und Präferenzen des Einzelnen im Umgang mit Konflikten. Es gibt Menschen, die dazu tendieren in Konfliktsituationen dem Konflikt und dem Konfliktpartner eher aus dem Weg zu gehen- die Vermeider. Andere setze sich eher durch. Wieder andere gehen eher Kompromisse ein, tendieren dazu nachzugeben oder denken konsensorientiert. Die Situation spielt eine Rolle und der Kontext des Konflikts, dennoch gibt es persönliche Muster und wiederkehrendes Verhalten in Konfliktsituationen.

Die Konflikttypen haben unterschiedliche Stärken und Schwächen:

Eine Stärke im Umgang mit Konflikten eines **Vermeiders** ist, dass die Gefahr einer spontanen Eskalation des Konflikts gering ist. Kurzschlussreaktionen sind selten und in der Regel stößt er oder sie niemanden vor den Kopf. Die Schwäche von Persönlichkeiten die Konflikte vermeiden sind, dass es eines hohen Kraftaufwands bedarf, dem Konflikt auszuweichen. Es müssen häufig Ausreden gefunden werden, die bis hin zur Verleugnung gehen. Außerdem löst sich der Konflikt in der Regel nicht selbst auf und bleibt und bestehen. Wie ein Bumerang kommt er immer wieder zurück und es besteht die Gefahr, dass der Konflikt langfristig weiter eskaliert und von dem Vermeide als immer unangenehmer empfunden wird. Die eigenen Interessen bleiben auf der Strecke, was auf Dauer eine Einschränkung der Bedürfnisse, der Qualität der Beziehung mit anderen oder der eigenen Möglichkeiten und Wünsche bedeuten kann.

Der Konflikttyp des **Durchsetzers** ergreift gerne die Initiative und ist an Entscheidungen interessiert. Seine Interaktion in Konflikten sorgt für Klarheit und löst den Konflikt auf direktem Wege. Das sind wichtige Stärken und Qualitäten, die dieser Typ mitbringt. Die Schwächen dabei sind, dass das Durchsetzen und Kontrollieren viel Kraft und Energie kosten. Da er wenige andere Meinungen gelten lässt, riskiert er eine wechselseitige, konstruktive Beziehung zu anderen. Auf sein Umfeld kann das Durchsetzen dominant wirken und u. a. Unterlegenheitsgefühle und Rückzug bewirken.

Wer **nachgibt** lässt dem anderen Raum, das kann eine Stärke sein. Er oder Sie reagiert in der Regel flexibel, überfährt und überfordert die Gegenüber nicht und schürt mit seiner friedvollen Art keine erneuten Konflikte. Auf der anderen Seite geht die Konfliktlösung des Nachgebens häufig zu den eigenen Lasten. Bis hin zur Selbstverleugnung kann diese Aufgabe der eigenen Interessen führen. Der Konflikt bleibt länger bestehen und kann zu inneren Konflikten anwachsen, weil das eigene Interesse nicht konsequent vertreten wurde.

Der **Kompromissler** ist an Lösungen interessiert. Er hat inneren Verhandlungsspielraum und kann deshalb flexibel reagieren. Am Ende eines Streits mit einem Typen der guten Kompromisse eingehen kann, steht oft eine konstruktive Lösung. Dennoch gibt es auch Schwächen dieses Konflikttyps. Er gibt sich unter Umständen zu schnell zufrieden. Nach dem Motto lieber etwas als gar nichts, verzichtet er auf einen Teil seiner Interessen, die womöglich bei genauerer Betrachtung und intensivere Auseinandersetzung zu erreichen möglich gewesen wären.

Der **kooperative** Konflikttyp ist an Lösungen interessiert. Ihm ist es wichtig, dass alle Interessen beachtet werden. Diese starke Orientierung an

Konflikttyp	Stärken	Schwächen
Durchsetzer/in	• ergreift die Initiative • ist an einer Entscheidung interessiert • sorgt für Klarheit • löst den Konflikt	• Kontrolle kostet Kraft und Energie • lässt wenig andere Meinungen gelten • riskiert die Beziehung zum anderen • kann Unterlegenheitsgefühle und Rückzug beim Gegenüber bewirken
Vermeider/in	• es gibt keine Eskalation • es gibt keine "Kurzschlussreaktionen" • stößt niemanden vor den Kopf	• hoher Kraftaufwand, dem Konflikt auszuweichen (Ausreden, Verleugnung) • Konflikt bleibt bestehen • Eigenes Interesse bleibt auf der Strecke
Nachgeber/in	• lässt dem anderen Raum • kann flexibel reagieren • überfordert Gegenüber nicht • schürt keinen erneuten Konflikt	• Lösung geht häufig zu eigenen Lasten • Selbstverleugnung • Konflikt bleibt länger bestehen, weil das eigene Interesse nicht konsequent vertreten wurde
Kompromissler/in	• ist an Lösung interessiert • hat Verhandlungs-Spielraum • kann flexibel reagieren • löst den Konflikt	• gibt sich unter Umständen zu schnell "zufrieden" • verzichtet auf Teile seiner Interessen
Kooperativer/in	• ist an Lösung interessiert • beachtet alle Interessen • ist an der Beziehung zum Gegenüber interessiert	• Gefahr keiner klaren Entscheidungen • Entscheidungsfindung dauert evtl. zu lang

Abb. 3.7 Modell nach Kenneth Wayne, Thomas. Thomas-Kilmann Confict Mode Instrument. 2002. Schwarz, Gerhard: Konfliktmanagement/ Konflikte erkennen, analysieren, lösen. 2014

den Interessen des anderen und gleichermaßen an den eigenen Interessen, legt eine gute Basis der Beziehung zum Partner. Ein Nachteil eines Konsenses kann sein, dass keine klaren Entscheidungen erreicht werden. Die Entscheidungsfindung kann lange dauern, weil Optionen und Lösungsmöglichkeiten abgewogen werden und in teils langwierigen Prozessen bewertet und beschlossen werden. Manchmal dauern die Prozesse so lange, dass sich äußere Bedingungen verändert haben und nochmals neu verhandelt werden muss (Abb. 3.7).

Unsere Präferenz zur Handlung in Konflikten hängt zum Teil mit den Persönlichkeitstypen (big 5) zusammen. So gibt es beispielsweise Forschung darüber, dass Persönlichkeiten mit einer hohen **Extraverion** eher dazu sich an den eigenen Interessen zu orientieren und deshalb eher zur **Durchsetzung und Kooperation** tendieren, während z. B. Menschentypen mit hoher **Verträglichkeit** eher zum *Kompromiss* tendieren Menschentypen mit hohen **Neuroticismus** Werten scheinen sich eher nicht um die Interessen der anderen zu kümmern und tendieren deshalb zur **Vermeidung** oder **Durchsetzung** von Konflikten.

Und Menschen mit hohen Werten der **Offenheit,** scheine **Kompromisse** und **Konsens** zu präferieren.[6]

---

[6] Studie von Ma Zhenzhong: Exploring the Relationships between the big five, personality factors, conflict styles and bargaining behaviour, IACM 18th annual conference 2005.

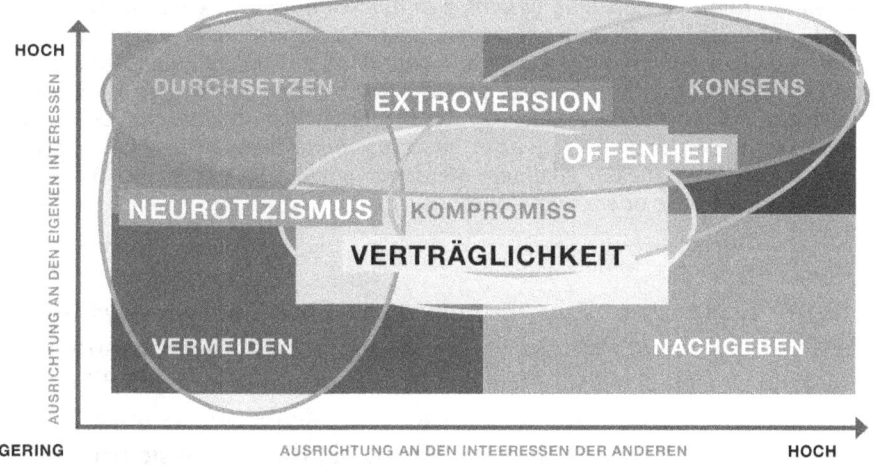

Abb. 3.8 Zusammenhang zwischen Persönlichkeitstyp und Konflikttyp

Wir entwickeln uns im Leben weiter, lernen dazu und sind mit Erlebnissen konfrontiert, die unsere Sicht auf die Welt, unserer Beziehungen und unserer Konflikte verändern.

Mir sind in meiner Praxis viele Menschen begegnet, die ihren Umgang mit Konflikten bewusst verändert haben (Abb 3.8).

> **Beispiel**
>
> *Ich erinnere mich an einen Mann, der sein Leben lang vor Konflikten geflüchtet ist. Er ist in einer Familie aufgewachsen, in der es viele Konflikte gab. Der Vater war alkoholkrank und die Mutter führte ein Doppelleben. Nichts davon wurde angesprochen. Die gut situierte bürgerliche Familie musste nach außen Sonnenschein mimen, auch wenn sich innerhalb dicker Gewitterwolken türmten. Später brach er den Kontakt zu seinem besten und einzigen Jugendfreund ab. Eine kleine Geschichte türmte sich zu einem Streit auf, er wollte sich nicht damit konfrontieren und flüchtete vor dem Konflikt und fortan auch vor dem Freund. Später wechselt er zweimal einen Arbeitsplatz aufgrund von Konflikten, die er sich nicht bereit fühlte aktiv zu klären. Er heiratet und bekam ein Kind. Als in der Ehe Konflikte über Kindererziehung und Verantwortungsübernahme aufkamen, war er auch hier kurz davor wegzurennen. Der Weg zur Mediation fiel ihm schwer. Seinem Sohn zuliebe sei er hier, so seine ersten Worte. In dem Klärungsprozess erkannte dieser sehr analytische und feinfühlige Mann zum ersten Mal bewusst sein Muster, Konflikte zu vermeiden. Er nahm sich die Zeit, die großen Konflikte seines Lebens zurückzuverfolgen und in beinahe allen verhielt er sich ähnlich: Flucht. Er beschrieb sich selbst wie die drei bekannten Affen- Ohren zu, Mund zu und Augen zu. Als er dieses Muster reflektiert hatte, wuchs der Wunsch in ihm, daran zu arbeiten. Er hat*

> *in einem Konflikt- Coaching gelernt, sich mit Konflikten zu konfrontieren, sich verbal auf dünnem Eis so zu bewegen, dass er sich noch wohl dabei fühlt und hat Techniken für sich entwickelt, sich Konflikten zu stellen. Einen Anfang hat er bei seinem alten Schulfreund gemacht. Nach vielen Jahren des Schweigens suchte er den Kontakt. Gestärkt von dieser sehr positiven Erfahrung der zurückgewonnenen Freundschaft, geht er heute Konflikte aktiv an und hat sich von einem Konfliktvermeider zu einem Menschen entwickelt, der je nach Situation auch Kompromisse oder einen Konsens sucht.*

In diesem Kapitel ging es um die individuelle Ebene, wie wir als einzigartige Menschen mit unserer speziellen Art in unterschiedlichen Situationen mit Konflikten umgehen. Es gibt jedoch eine übergeordnete Ebene. Eine sozialpsychologische Betrachtung: Was passiert mit Menschen, wenn sie in einem Konflikt sind? Es spielen sich dabei Muster ab, die generalisierbar sind und nichts mit unserer individuellen Prägung zu tun haben.

Ich nenne das, die Konfliktspirale.

4

Die Konfliktspirale

Wenn man im Inneren einer Spirale steht und anfängt los zu laufen, dreht man sich zuerst um den eigenen Kern. Langsam entfernt man sich in endlosen Schleifen immer weiter und läuft Runden, die immer größer werden. Die Konflikt Stufen haben Sie bereits kennengelernt, auch da steigt der Konflikt Stufe um Stufe, der Weg ist anstrengend und wird beschwerlicher. Diese Konfliktstufen und auch die Aura der Konflikte spielen eine Rolle bei der innerlichen Konfliktspirale, die sich auftut, sobald wir im Konflikt stecken.

In diesem Kapitel geht es darum: Was mit uns passiert, wenn wir in einen Konflikt eintreten?

Sobald wir feststellen, dass eine Meinungsverschiedenheit, eine Interessensdifferenz, ein kleiner Streit nicht beizulegen ist, dass wir ihn nicht einfach abhaken und beiseitelegen können, stehen wir am Startpunkt der Konfliktspirale. Verlässliche Zeichen für einen beginnenden Konflikt zeigen sich an psychisch, seelischen Veränderungen und später auch in körperlichen Symptomen. Wir denken immer öfter an diesen Streit, es entstehen Gedankenkreisel, die wir nur schwer stoppen können. Diese Gedanken sind nicht positiv. Sie belasten uns. Wenn sie kommen, verschlechtert sich unsere Laune. Wenn sie kommen, gehen unsere Mundwinkel nach unten und wir fühlen uns bedrückt. Wenn sie kommen, haben wir das Gefühl, wir werden von ihnen gesteuert. Die Person, mit der wir im Konflikt sind, versuchen wir möglichst zu meiden.

> **Beispiel**
>
> *Dem Nachbarn, mit dem seit zwei Jahren ein Streit über den Baumschnitt an der Grundstücksgrenze herrscht, gehen wir auch im Treppenhaus aus dem Weg. Wenn wir hören das sich die Türe seiner Wohnung öffnet, warten wir lieber hinter unserer geschlossenen Tür noch fünf Minuten länger, bevor auch wir das Haus verlassen.*

Wenn wir unseren Konfliktpartner nicht meiden können, dann bereitet uns jede Begegnung mit ihm oder ihr ein ungutes Gefühl. Wir sind angespannt, aufgeregt, vielleicht nervös oder unsicher und haben häufig danach das Gefühl, uns unnatürlich verhalten zu haben. Wir überlegen dann, ob wir vielleicht zu freundlich waren oder etwas gesagt haben, was wir so nicht sagen wollten. Unserer Selbstbeobachtung ist verstärkt und Begegnung werden kritischer und genauer analysiert als in friedlichen Zeiten.

Häufig spüren Betroffene Konflikte auch körperlich: sie können nicht gut schlafen, je nach Typ essen wir besonders viel oder besonders wenig, Bauchschmerzen, steigender Blutdruck, Migräne und Herzrasen. Wenn wir am Startpunkt der Konfliktspirale stehen- im inneren des Wirbels, dann spüren wir, dass wir einen Konflikt haben. An diesem Punkt gibt es zwei Möglichkeiten: Entweder wir schaffen einen großen Sprung hinaus oder wir laufen los, die Spirale entlang.

Der große Sprung erfolgt durch die Klärung des Konflikts. Wie bei den Konfliktstufen bereits beschrieben, sind wir zu Beginn eines Konflikts häufig noch aus eigener Kraft in der Lage den (Teufels-) Kreis zu verlassen. Dafür muss der Streit, der Ärger oder wie wir es auch immer nennen, was uns an diesen Ort katapultiert hat, geklärt werden. Eine Klärung ist dann erfolgreich, wenn die belastenden Symptome oder negativen Gefühlen weitgehend verschwunden sind. Wenn wir unserem Nachbarn wieder im Treppenhaus begegnen können und unser Gedankenkarussell zu Stehen gekommen ist.

Findet an diesem Ausgangspunkt keine Klärung in Form einer Versöhnung, Aussprache oder gemeinsamen Lösung statt, dann laufen wir los. Wir ziehen unsere Kreise in der Konfliktspirale und es verändert sich unsere Wahrnehmung. Drei Qualitäten der Wahrnehmung sind betroffen: das Fühlen, das Denken, das Wollen.

4.1 Veränderung im Denken

Zunächst verändert sich die Wahrnehmung gegenüber der Situation, in der wir uns befinden und unserem Konfliktpartner. Je tiefer Menschen im Konflikt stecken, desto stärker sehen sie ihre Umgebung im schwarzweißen Kontrast. Außerhalb einer Konfliktsituation beurteilen wir unsere Gesprächspartner und unser Umfeld nuanciert. Wir sind Beobachter in unserem Leben. Wenn alles gut ist, sehen wir die Geschehnisse in vielen Schattierungen. In einem Gespräch nehmen wir auf unterschiedlichen Ebenen Dinge wahr, die unser Denken beeinflussen. Wir hören, was der Gesprächspartner sagt. Wir sehen, wie er sich dabei verhält und gleichen automatisch ab, ob das Gesagte mit der Mimik des Gesprächspartners übereinstimmt. Kennen wir unseren Gesprächspartner besser, dann nehmen wir auch intimere Dinge wahr, wie dessen Stimmung, eine Veränderung in der Art zu reden oder ob er beim Friseur war. All diese Informationen fließen unbewusst zusammen und beeinflussen unser Denken über die Situation und über den Gesprächspartner. Wenn wir nicht in einer Konfliktsituation stecken, dann nehmen wir Dinge wahr, ohne sie aktiv zu bewerten. Zum Beispiel hören wir, dass unser Gesprächspartner leise spricht, wir sehen, dass er fröhlich guckt oder eine schöne Frisur hat. Auch wenn diese Informationen im Kontext des Gesprächs nicht relevant sind. Wenn uns im Abschluss an das Gespräch jemand danach fragen würde, wie der Gesprächspartner aussah, dann erinnern wir uns vielleicht an die schöne Frisur, ohne dass wir aktiv darüber nachgedacht haben. In Gesprächen außerhalb von Konflikten gibt es auch Irritationen: zum Beispiel sagt unsere Gesprächspartnerin es gehe ihr gut, und guckt dabei ganz traurig. Diese Diskrepanz zwischen dem Gesagten und dem Körperausdruck lässt eine Irritation, einen Zweifel entstehen. Vielleicht beschäftigt uns diese Beobachtung noch nach dem Gespräch. Wir überlegen uns, warum sie traurig geguckt hat. Die Wahrnehmung, die wir in diesem Gespräch hatten, beeinflusst unser Denken. Im Normalfall ist das Denken über Personen geprägt von unterschiedlichen Aspekten, je nachdem wie nahe oder entfernt die Beteiligten zueinander stehen, wie eng deren Beziehung ist und wie sympathisch einem die Person ist. Das Denken in Friedenszeiten ist differenziert. Manches nehmen wir wahr und vergessen es gleich wieder, anderes nehmen wir wahr und bewerten es nicht und über einiges denken wir nach.

Wenn in einer Kommunikation Irritationen erlebt wird, dann startet ein innerer Prozess der Bewertung und Abwägung. Das haben wir so gelernt- Situationen einzuschätzen, Entscheidungen zu überdenken, Vor- und Nachteile eines Vorhabens herauszuarbeiten. In Friedenszeiten wirken diese zwei

Stimmen ausgleichend: sie werden häufig als die Stimmen des Herzens und der Vernunft beschrieben oder mit auf der Schulter sitzenden Engelchen und Teufelchen assoziiert. Gehen wir nochmals zurück zur Gesprächssituation, in der die Gesprächspartnerin sagte, es gehe ihr gut, dabei in unserer Wahrnehmung traurig guckte. Dann könnte es sich in uns etwa so anhören. Stimme 1: „Diese Frau ist nicht ehrlich zu dir, sie sagte etwas und meint es nicht so". Stimme 2: „Jetzt sei doch nicht gleich so skeptisch. Sie wird schon ihre Gründe haben, warum sie nicht hier und jetzt sagen möchte, warum es ihr schlecht geht."

Durch dieses Wechselspiel entsteht Differenzierung im Denken. Der innere Dialog hat jedoch bei „gesunden" Menschen seine Grenzen. Unser Gehirn reagiert strikt, wenn die Stimmen zu laut werden oder zu viele innere Stimmen durcheinander sprechen. Denn hätten wir bei jedem Gespräch, das wir führen und in jeder Situation, in der wir uns befinden, einen Chor an inneren Stimmen die Vor- und Nachteile, Pros und Contras gegeneinander abwägen, wären wir handlungsunfähig und völlig überlastet. In Friedenszeiten sind unsere inneren Stimmen angepasst. Sie sprechen, wenn es Platz dafür gibt und schweigen, wenn es nicht nötig ist.

Ganz anders im Konflikt:
Wir spüren Irritation und Verunsicherung und je größer diese werden, desto lauter werden die Stimmen in unserem Kopf. Gesagtes wird nicht mehr einfach wahrgenommen, sondern interpretiert, gedreht und gewendet. Dazu kommen Emotionen, die unser Denken beeinflussen. Wir fühlen uns verletzt, sind verärgert, traurig oder schadenfroh. Diese Gefühle überlagern den Blick auf die Geschehnisse. Es bricht ein Gewitter in unserem Kopf aus. Erschwerend kommt hinzu, das im Konflikt Wahrnehmungen, Gedanken, Meinungen, Einstellungen, Wünsche und Absichten häufig im Widerspruch zueinanderstehen. So nehmen wir z. B. wahr, dass unser Konfliktpartner durchaus gute Argumente für seine Position hat, möchten dies aber nicht zulassen, da wir uns die Meinung gebildet haben. In der Psychologie wird das als kognitive Dissonanz bezeichnet:

Wenn zwei kognitive Elemente zueinander im Widerspruch stehen und das eine in gewisser Hinsicht das Gegenteil des anderen ausdrückt, entsteht Dissonanz. Diese Zustände der inneren Unstimmigkeit werden als unangenehm empfunden und erzeugen innere Spannungen, die nach Überwindung drängen. Eine Möglichkeit, diese Spannungen abzubauen, wäre sich zu vertragen. Doch das ist leichter gesagt als getan. Wir sind nicht mehr am Ausgangspunkt der Konfliktspirale und unsere Wahrnehmung hat sich bereits verändert. Und nicht nur unsere, auch die des anderen.

Eine andere Möglichkeit die Spannung abzubauen, ist die Dissonanzen in unserem Gehirn möglichst klein zu halten. Dafür haben wir uns Verhaltensmechanismen über die Zeit des Lebens aufgebaut. Verdrängung und Weglaufen z. B. gehören zu den Mechanismen, um zumindest kurzfristig innere Spannungen zu verringern. Im Konflikt passiert noch etwas Anderes, wir verändern unser Denken und lassen es gar nicht mehr zu, dass Handlungen, Verhaltensweisen oder Aussagen des Gegenübers positiv interpretiert werden könnten. Stattdessen bilden wir ein Kontrast-Denken aus: „Du böse, ich gut". Unser Denken verändert sich nach dem Prinzip: Alles was der andere tut oder nicht tut, wird von uns in die Kategorie gesteckt: „Typisch, schon wieder handelt er so oder so, das habe ich nicht anders erwartet, genau da liegt das Problem usw."

Wir schützen uns vor einem zu großen kognitiven Durcheinander, das uns lähmen würde, andere, nicht mit dem Konflikt verbundene, Entscheidungen zu treffen. Liber bleiben wir in unserer Sicht auf den anderen konsistent. Das Perfide an diesem Schutz ist, dass er uns blind macht für Dinge, die nicht in unser (Konflikt -) Bild passen. Das heißt, selbst, wenn unser Konfliktpartner etwa absichtlich einen Schritt auf uns zugeht, weil er gerne den Konflikt beenden würde und etwas Gutes tut, sehen wir diese Bemühung nicht mehr oder interpretieren diese sogar als versteckte Manipulation.

In einem Konflikt zwischen zwei Kollegen konnte ich diese Dynamik beobachten.

> **Beispiel**
>
> *Zwei Abteilungsleiter Herr Henkel und Herr Bach sind sich schon länger nicht grün. Ein Thema, das Herrn Henkel umtreibt und das er nie gegenüber anderen Kollegen oder seinem Vorgesetzten ausgesprochen hat, ist eine empfundene Ungerechtigkeit. Herr Bach hat – wie Herr Henkel auch – einen Dienstwagen, jedoch ist der Dienstwagen von Herrn Bach eine Kategorie besser als der von Herrn Henkel. Und das obwohl Herr Bach zwei Jahre nach Herrn Henkel in das Unternehmen eingetreten ist. Warum sein Kollege das bessere Auto von der Firma gestellt bekommt, hat Herr Henkel nie erfragt oder thematisiert, schließlich wollte er nicht als Neider dastehen, gefuchst hat es ihn aber schon seit Monaten. Es kommt dazu, dass Herr Henkel ein ausgesprochener Autoliebhaber ist und für ihn das Auto von Herrn Bach schon seit Jahren einen heimlichen Traum darstellt. Dies ist aber längst nicht das einzige Thema zwischen den beiden und die Stimmung ist seit einiger Zeit im Keller. Herr Bach, der Herrn Keller eigentlich immer schon sympathisch fand und sich, als er noch neu in der Firma war, beim Mittagessen gut und ausgiebig mit Herrn Keller über Autos unterhalten hat, eine Leidenschaft die er als verbindend empfand, hat nicht ganz verstanden, wie es eigentlich zum Konflikt gekommen ist. Seine Frau*

> riet ihm, doch einfach auf Herrn Henkel zu zugehen und freundlich zu sein, vielleicht löse sich der Konflikt ja auf. Herr Bach überlegte sich eine Weile, wie er das anstellen könnte. Auf freundliches „Guten Morgen" reagierte Herr Henkel kühl, eine Einladung zum Mittagessen schlug er mit der Ausrede eines wichtigen Termins aus. Herr Bach hatte ein paar Auto- Sammlermagazine, von denen er wusste, dass sie Herrn Henkel interessieren würden. Er rang sich nach langem inneren Hin- und Her durch, diese Automagazine Herrn Henkel in sein Fach zu legen mit einer kleinen Notiz darauf, dass sie von ihm kamen. Herr Henkel fand die Zeitungen und kochte über vor Wut: „Das ist typisch, er bohrt in meinen Wunden. Jetzt legt er mir auch noch Auto Zeitungen ins Fach, um mir ein weiteres Mal unter die Nase zu reiben, wie großartig sein Auto ist". Bösartigkeit, Gehässigkeit und Schadenfreude: so interpretierte Herr Henkel die Geste. Herr Henkels Frau stellte ihm zu Hause die Frage, ob dies Geschenk nicht vielleicht nett gemeint sein könnte. Herr Henkel wurde noch ärgerliche und das Abendessen endete im Streit.

Herr Henkel befand sich in dieser Situation bereits so tief in der Konfliktspirale, dass es ihm nicht möglich war, diese gut gemeinte Geste von Herrn Bach zu erkennen. Nicht einmal die Variante „vielleicht könnte er es gut gemeint haben", ließ Herr Henkel in seinem Denken zu. Durch seine Interpretation, dass Herrn Bachs Geste bösartig und gehässig sei, reduzierte er in seinem Kopf die Dissonanz. Denn diese vermeintlich bösartige Handlung, fügt sich konsistent in das Bild ein, dass Herr Henkel von Herrn Bach hat.

Die Konsistenz ist ein weiterer psychologischer Faktor, der unsere Wahrnehmung im Konfliktfall beeinflusst. Mit Konsistenz ist hier eine Festigkeit in der eigenen Meinung gemeint. Wir streben an, uns nicht wie „Fähnchen im Wind" zu verhalten, sondern bei Gesagtem und Festgelegtem zu bleiben. Schon als Kind werden wir dafür gelobt, wenn wir Dinge zu Ende bringen, Vorhaben durchziehen und Pläne verfolgen. In Konflikten ist diese Konsistenz ebenso ausgeprägt. Durch die Konsistenz erreichen wir auch eine Erleichterung der kognitiven Dissonanz. Herr Henkel denkt schon seit einigen Monaten negativ über Herrn Bach, diese Konsistenz im Denken, hält er aufrecht. Dies ist kein bewusster Vorgang, sondern ein psychologisches „Programm", das automatisiert abläuft. Jede Störung dieser Konsistenz wird erst mal versucht zu ignorieren oder in das eigene Denkmuster zu integrieren. So wie in dem Beispiel der beiden Abteilungsleiter. Ein Betrachter von außen hätte zumindest die Möglichkeit erwogen, dass die mitgebrachten Zeitschriften eine Friedensbotschaft sein könnten. Herr Henkel, der im Konflikt steckt, hat diese Möglichkeit nicht. Diese Geste hat das Potenzial sein inneres Bild zu zerstören und automatisch wird sie umgedeutet in eine Handlung, die zur Gesamtwetterlage passt. Herr Henkel ist in der Konfliktspirale weitergelaufen, sein Denken hat sich verändert.

4.2 Veränderung im Fühlen

Die nächste Wahrnehmungsqualität, die sich verändert, ist das Fühlen. Im Normalfall haben wir im Laufe unseres Reifeprozesses des Erwachsenwerdens und später im Erwachsenenleben die Fähigkeit zur Empathie entwickelt. Empathie ist das Vermögen zum Mitgefühl und dem Nachempfinden der Gefühle und Erlebnisse anderer: Als ob es unsere Gefühle wären, ohne die „als ob"- Qualität zu verlassen. Empathie ist eine grundlegende menschliche Eigenschaft, die uns befähigt, menschliche Beziehungen aufzubauen und zu erhalten.

Wissenschaftler gehen davon aus, dass das Einfühlen neurobiologisch angelegt ist: das Beobachten und Nachahmen von Emotionen anderer, ruft bei uns fast die gleichen Erregungsmuster hervor, als würden wir die Emotionen selbst empfinden. Diese Resonanzsysteme im Gehirn, werden als Spiegelneuronen bezeichnet. Jene Nervenzellen senden bereits Signale aus, wenn wir eine Handlung beobachten. Die Resonanz, die in uns erzeugt wird, ähnelt der Situation, in der wir selbst diese Gefühle empfinden. Im Laufe unseres Lebens verändert sich die Fähigkeit, sich in andere hinein zu fühlen. Forscher haben herausgefunden, dass Menschen im Alter etwas schlechter darin werden, Emotionen anderer zum Beispiel am Gesichtsausdruck zu erkennen. Gleichzeitig gelingt es lebenserfahrenen Menschen besser, Mitgefühl zu entwickeln, wenn sie von schlimmen Erlebnissen erfahren oder verbale Informationen über die Gefühle des anderen bekommen. Ist es wichtig, zwischen Empathie und Mitgefühl versus Mitleid zu unterscheiden. Während Empathie in der Regel auf eigenen Erfahrungen beruht und eine gespiegelte Reaktion in uns auslöst, entwickelt man Mitleid, weil man jemanden zum Beispiel in Not sieht, ohne wirklich nachempfinden zu können, wie sich derjenige fühlt. z. B. hungernde Menschen oder Kriegsverletzte. Das Hineinversetzen in die Gefühlswelten, Interessen und Bedürfnisse des anderen ermöglicht uns, unser Gegenüber besser zu verstehen. In der Kommunikation miteinander spielt diese Fähigkeit eine wichtige Rolle. Wir reagieren normalerweise auf Gefühle unserer Gesprächspartner mit dem Wunsch, sie verstehen zu wollen. Neben der intuitiven Empathie, die sich zum Beispiel zwischen Eltern mit Babys zeigt oder beim Trösten, wenn jemand weint, oder wenn wir jemanden beruhigen, weil wir spüren, dass er aufgeregt ist, gibt es auch eine bewusste Suche nach der Gefühlslage des anderen. In dem wir zum Beispiel Fragen stellen, um besser zu verstehen, was in ihm vorgeht. Nicht immer gelingt uns auf Anhieb intuitiv und spontan zu spüren, wie es unseren Mitmenschen geht.

Manchmal bedarf es mehr Information über die Gefühle des anderen, um eine Empathie für diesen aufzubauen.

Empathie wird in der Psychologie als eine Voraussetzung für moralisches Handeln betrachtet.

Im Konflikt leidet die Leistungsfähigkeit der Nervenzellen (Spiegelneuronen), die unser Mitfühlen auslösen. Auch in Stresssituationen oder in Situationen, in denen wir selbst zum Beispiel Schmerzen haben oder uns auf der Flucht befinden, wird die Funktion der Spiegelneuronen heruntergefahren.

Im Konfliktfall geschieht das stückweise und analog zum Grad der Eskalation und unserer Involviertheit in den Konflikt. Je mehr wir in die Konfliktspirale hineingeraten, desto weniger Empathie empfinden wir. Dieser Verlust des Mitfühlens, wirkt wie ein Brandbeschleuniger. Wir sehen z. B., dass unser Gegenüber gestresst oder traurig ist, aber es löst keine Resonanz in uns aus. Wenn wir uns erneut die Verbindung zwischen Empathie und moralischem Handeln vor Augen führen, dann verstehen wir besser, warum Menschen in hoch eskalierten Konflikten, wie zum Beispiel im Krieg, in der Lage sind, Gewalt auszuüben oder zu töten. Neben anderen situativen und psychologischen Effekten sin die Spiegelneuronen „ausgeschaltet". Das Leid der anderen kommt nicht mehr an uns heran und bei uns an.

Das fehlende Mitgefühl in Konflikten führt dazu, dass wir den anderen immer weniger verstehen und sich die Wahrnehmung auf unser Gegenüber drastisch verändert. Wir können in dieser Situation Empathie, die die Psychologen auch als primäres Phänomen (in uns angelegt) bezeichnen, nicht mehr verlässlich abrufen. Es sträubt sich etwas in uns, die Gefühle des anderen mit zu fühlen. Wie schon bei der Veränderung im Denken, streben wir auch in unserem Fühlen Konsistenz an. Da passt es nicht, wenn wir plötzlich bei den Tränen unserer Rivalen weich werden. Bei Menschen in Konflikten kann man regelmäßig beobachten, dass sie sich abwenden voneinander, wenn einer der beiden Gefühle zeigt, die in Friedenszeiten Empathie auslösen würde. Zum Beispiel Traurigkeit. Sie möchten damit verhindern, dass beim Anblick der Tränen eine Resonanz in ihnen entsteht. Diese Resonanz auch traurig zu werden und die spontane Reaktion den anderen gar trösten zu wollen, passt nicht zum Konfliktprogramm.

4 Die Konfliktspirale

> **Beispiel**
>
> *Einen drastischen Fall fehlender Empathie, konnte ich bei einem Konflikt zwischen Bruder und Schwester beobachten, die gemeinsam ein Familienunternehmen führten, bis es zu immer schlimmeren Streitigkeiten untereinander kam. Die beiden beschuldigten sich gegenseitig, falsche Prioritäten zu setzen und sich zu hintergehen. Ihre Wahrnehmung aufeinander veränderte sich Schritt für Schritt. Aus ehemals Geschwistern mit einer guten Verbindung, die ein Unternehmen führten, wurden Streitende, die, so sagten beide, sich nicht mehr wiedererkannten. Ihre Emotionen waren unterschiedlich gelagert. Während der Bruder eher Ärger, Frust und Unverständnis empfand, reagierte die Schwester eher beleidigt, kühl und verletzt. Der Streit gelangte zu einem Punkt, an dem die beiden nicht miteinander kommunizieren und schon gar nicht mehr eine Firma miteinander führen konnten. Und dann passierte etwas Schicksalhaftes. Die Schwester erkrankte an Krebs, einem Hirntumor mit sehr schlechter Prognose. Dies veränderte die berufliche Situation gravierend. Die beiden mussten sich zusammensetzen, um über eine Lösung der Zukunft zu sprechen. Die Schwester, die jugendliche Kinder hatte, fühlte sich aus der Bahn des Lebens geworfen. Ihr war nicht mehr nach Streit, sie hatte es eilig, Lösungen zu finden, für die Firma und ihre Familie. Der Bruder schaffte es selbst in dieser drastischen Situation nicht, Mitgefühl für seine schwer kranke Schwester aufzubauen. Er ließ sich auf eine Mediation ein, verhielt sich jedoch zunächst kalt und unnachgiebig. Von der Diagnose wollte er nichts hören und verwies immer darauf, dass die Probleme nicht erst damit begannen, sondern es einen Grund habe, warum er so ärgerlich sei und auch eine Diagnose wie diese nichts daran änderte.*

Für den Leser mag das sehr hart klingen, wir neigen dazu, diesen Mann für sein Verhalten zu verurteilen, da selbst die Erzählung des Schicksals der Schwester, in uns etwas auslöst. Bei einigen ist es Mitleid, wir verstehen kognitiv, wie schlimm sich eine solche Diagnose anfühlen muss, fühlen jedoch selbst nichts, weil diese Frau für uns fiktiv ist und/oder wir die Situation nicht kennen. Andere empfinden selbst bei dieser Erzählung bereits Empathie. Etwas in Ihnen geht in Resonanz mit dieser Geschichte. Vielleicht ist es die eigene Angst, etwas Ähnliches zu erleben. Vielleicht haben Sie etwas in der Art erlebt und es spiegeln sich bekannte Gefühle in Ihnen.

> **Beispiel**
>
> *Bei dem Bruder oder Schwester dauerte es längere Zeit der Konfliktklärung, bis das Mitgefühl beim Bruder wiederkehrte. Diese Rückkehr der Empathie markierte zugleich den Wendepunkt in diesem Konflikt.*

4.3 Veränderung im Wollen

Die nächste Veränderung der Wahrnehmung liegt im Wollen. In Friedenszeiten ist das was wir wollen verhandelbar und flexibel. Wir haben mehr oder weniger konkrete Vorstellungen davon, was wir gerne hätten, zum Beispiel wo wir den nächsten Urlaub verbringen möchten, wie viel Geld wir gerne verdienen würden, in welche Stadt wir ziehen könnten und in welcher Familienform wie leben möchten. Das Wollen ist geprägt von Bedürfnissen und Interessen. Es ist deshalb verhandelbar und flexibel, weil sich Bedürfnisse und Interessen verändern und das ursprünglich Gewollte in Anbetracht veränderter Umstände, nicht (mehr) die zuerst präferierte Option ist.

> **Beispiel**
>
> *So könnte der ursprüngliche Plan in eine Stadtwohnung einer Großstadt zu wohnen zum Beispiel dadurch in den Hintergrund rücken, weil wir die große Liebe gefunden haben, die auf dem Bauernhof auf dem Land wohnt. Das Bedürfnis, das ursprünglich einmal unseren Wunsch manifestiert hat in der Stadt zu wohnen, könnte gewesen sein, sich nicht einsam zu fühlen, viele Menschen, um sich zu haben, mitten im Leben zu sein. Mit der großen Liebe jedoch, kommt ein anderes bislang unbekanntes Bedürfnis auf: Zweisamkeit und Ruhe zu genießen und vielleicht ein Nest für eine Familie zu bauen.*

Diese Verschiebung der Bedürfnisse passiert in der Regel nicht von heute auf morgen, jedoch verändert sie nachhaltig unser Wollen.

> **Beispiel**
>
> *In diesem Fall der großen Liebe, ist es vielleicht ein Aushandlungsprozess, die einst gewählte Lebensformen aufzugeben, die Bedürfnisänderung zuzulassen und neue Wege zu gehen. Vielleicht haben sich Freunde und Familie gewundert, über diesen Wandel in unserem Wollen. Wenn wir Ihnen jedoch erklären, welche neuen Bedürfnisse und Interessen dahinterstecken, werden sie diesen Schritt bestimmt (besser) verstehen.*

Hinter unserem Wollen stehen Bedürfnisse. Der amerikanische Sozialpsychologe Abraham Maslow[1] hat diese in einer Pyramide veranschaulicht.

---

[1] Maslow, Abraham (1954): *Motivation and Personality.* Harper, New York.

Die Bedürfnisse sind in seinem Modell in Stufen kategorisiert. Ganz unten in der Bedürfnispyramide der Menschen stehen die physiologischen Grundbedürfnisse: Essen, Trinken, Schlafen, Atmen, Fortpflanzung und Ausscheidung. Erst wenn diese erfüllt sind, so Maslow, entstehen neue Bedürfnisse. Die nächste Stufe befriedigt unser Streben nach Sicherheit: physische Sicherheit, die Sicherheit unserer Familie, unsere Gesundheit, die Absicherung unseres Eigentums, der Arbeit und die Sicherheit unserer Ressourcen (Haus und Hof).

Haben wir auch diese Bedürfnisse erreicht, dann kümmern wir uns um Liebe und Zugehörigkeit. Darunter fallen Kategorien wie Freundschaft, Familie und körperliche Intimität.

Haben wir diese drei Bedürfnisstufen erklommen, gehören wir zu den privilegierten Menschen auf unserem Planeten. Das Wollen hört an dieser Stelle aber nicht auf. Jetzt entstehen Bedürfnisse nach Wertschätzung und Anerkennung. In diese Kategorie fallen Respekt für andere und Respekt von anderen, Selbstsicherheit, Selbstwertgefühl und Erfolg. In der obersten Stufe der Bedürfnispyramide schließlich, wünschen wir uns Selbstverwirklichung: Kreativität, Weiterbildung, Spiritualität und Philosophie- kurz, das Streben nach einem „besseren" ich.

Die Erreichung der Bedürfnisse nimmt in dem Modell der Pyramide stets den Weg von unten nach oben. Ein Mensch der Hunger leidet und kein Dach über den Kopf hat, wird wohl kein Bedürfnis nach Weiterbildung verspüren, sondern sich darauf konzentrieren, dass seine Grundbedürfnisse erfüllt sind. Erst wenn die physiologischen Grundbedürfnisse und die Sicherheit erreicht sind, gibt es eine gewisse Durchlässigkeit der oberen Bedürfnisschichten (Abb. 4.1).

An diesem Modell gibt es auch Kritik, die ich hier kurz erwähnen möchte. Entgegen Maslows Analyse, die Bedürfnisse würden sich einzig in der Reihenfolge (von unten nach oben) erfüllen, sehen andere Autoren auch anderer Bewegungsrichtungen. Es können nach deren Ansicht Stufen übersprungen werden und auch ein Weg zurück ist möglich. Wenn wir z. B. schwer erkranken oder z. B. eine Pandemie ausbricht, rücken Grundbedürfnisse wieder stärker in den Vordergrund. Außerdem ist dieses Modell sehr westlich geprägt. In anderen Kulturkreisen können Bedürfnisse in einer anderen Wichtigkeit erlebt werden.

Wichtig zum Verstehen der der Dynamik im Konflikt ist, dass unser Wollen, unserer Interessen mit dahinterliegenden Bedürfnissen verknüpft sind.

In der Konfliktspirale verändert sich das Wollen. Wir verlieren Flexibilität in unserem Wollen und unser geäußertes Wollen entfernt sich von den

Abb. 4.1 Die Bedürfnispyramide nach Maslow

darunterliegenden Bedürfnissen. In Konflikten richtet sich der Blick auf Positionen und nicht auf die dahinterliegenden Interessen. Um das zu veranschaulichen, beschreibe ich das Beispiel eines Konflikts am Arbeitsplatz, zwischen einem erfolgreichen, gut bezahlten Manager und der Geschäftsleitung.

> **Beispiel**
>
> *Der Manager stellt eines Tages für die Geschäftsleitung unerwartet die Forderung nach mehr Gehalt, deutlich mehr Gehalt. Die Geschäftsleitung, die gerade ein schwieriges Geschäftsjahr hinter sich hat und auf Sparkurs ist, lehnt diese Forderung ab. Auch deshalb, weil der Manager im Gehaltsgefüge des Gesamtunternehmens bereits gut bezahlt ist. Da der Manager in den Augen der Geschäftsleitung völlig unerwartet, unvorbereitet und ohne weitere Erklärung mit dieser Forderung ‚um die Ecke' kam, sieht auch die Geschäftsleitung keine Notwendigkeit sich zu erklären und lehnt die Gehaltserhöhung ohne weiteren Kommentar ab. Der Manager reagiert verärgert, er droht offen damit, die Firma zu verlassen. Für die Geschäftsleitung wäre dies ein großer Verlust. Der Manager leitet zwei wichtige Projekte und ein erfolgreiches Team. Die Art und Weise jedoch, wie der Manager kommuniziert, missfällt der Geschäftsleitung. Sie möchten sich nicht drohen lassen und reagieren ebenso knapp: „Dann gehen Sie eben!".*

Was ist hier passiert? In diesem Konflikt wurden Positionen ausgetauscht und keine dahinterliegenden Interessen thematisiert. „Ich möchte mehr Lohn", ist eine Position. „Du bekommst nicht mehr Lohn", ist eine Gegenposition. Das Wollen – in diesem Fall mehr Lohn- kommt für die andere Seite unvermittelt. Sie versteht die Position nicht und reagieren mit Unverständnis und knapp.

> **Beispiel**
>
> *Was die Geschäftsleitung nicht weiß, ist, dass der Manager konkrete Bedürfnisse hat, die diese Forderung ausgelöst haben. Er durchläuft gerade privat eine schwierige Zeit. Seine Frau hat sich von ihm getrennt. Es sind Scheidungs- und Kindesunterhalt fällig. Sein Vermögen liegt in einem Aktiendepot, das gerade mächtig ins Minus gerauscht ist und seine Liquidität ist schwach. Da er zu Hause ausziehen muss, braucht er jedoch eine Kaution für die neue Wohnung und Geld für Möbel.*
>
> *Sein Bedürfnis der Sicherheit ist berührt. Auch wenn der Manager an sich kein armer Mensch ist, fehlen ihm die Ressourcen, die er in diesem Moment braucht.*
>
> *Der Manager ist jedoch zu stolz, dies in die Verhandlung mit einzubringen: „geht ja niemanden etwas an". Die Geschäftsleitung sieht deshalb nur seine Position und könnte interpretieren: „Der ohnehin gutverdienende Manager möchte noch mehr Geld". Auch sie haben ein Bedürfnis hinter der Ablehnung dieser Forderung: die Geschäfte laufen nicht gut, das Gehaltsgefüge könnte durcheinanderkommen, es ist kein guter Moment für eine Gehaltserhöhung.*

Hätten die beiden Parteien bereits an dieser Stelle versucht, ihre Bedürfnisse hinter den Positionen auszutauschen, wären eventuell Lösungen denkbar gewesen. Der Manager braucht nicht generell mehr Geld, sondern gerade in diesem Moment. Vielleicht hätte die Firma ihm einen günstigen Kredit anbieten können, vielleicht wäre die Zahlung seines Bonus auch etwas früher möglich gewesen usw. Die Transparenz über die hinter der Position liegenden Interessen hätten mindestens gegenseitiges Verständnis möglich gemacht. In diesem Fall aber hat die Forderung einen Konflikt ausgelöst.

> **Beispiel**
>
> *Die Fronten verhärten sich. Die Ablehnung seiner Forderung trifft den Manager, sie berührt ein weiteres Bedürfnis: das Bedürfnis nach Wertschätzung. Er fühlt sich durch die Ablehnung nicht wertgeschätzt und schimpft bei seinen Freunden. „Jetzt leiste ich Jahr ein, Jahr aus so viel für diese Firma, reibe mich auf, verbringe meine Tage bis spät in den Abend im Unternehmen, opfere sogar meine Ehe für die Arbeit und wenn man dann mal in Not kommt und etwas braucht, bekommt man es nicht. Mir reicht es, ich kündige". Das Kündigen lag gar nicht ursprünglich im Interesse des Managers. Eine Kündigung bringt für ihn erhebliche Risiken mit sich. Der Manager ist knapp 50 Jahre alt, es wird nicht so einfach, eine entsprechend gut bezahlte Arbeit zu finden und das in kurzer Zeit. Durch die Scheidung ist auch seine Mobilität eingeschränkt, schließlich möchte er die Kinder gerne am Wochenende sehen.*

Seine Positionen: „Kündigung" ist ein ‚Wollen', das im Konflikt entstanden ist und nichts mit dem ursprünglichen ‚Wollen', nämlich Liquidität für eine Übergangszeit zu bekommen, zu tun hat. Es hat sich verselbstständigt. Auch die Geschäftsleitung, die auf die Kündigungsdrohung prompt reagiert, äußert die Position, „dann geh doch", ohne dass diese ihren eigentlichen Interessen entspricht. Ihr eigentliches Interesse ist das Gegenteil dieser (Gegen-)Position: Sie hätten den Manager gerne behalten.

In einem Konflikt verselbstständigt sich das Wollen. Je tiefer wir in die Konfliktspirale eintreten, desto stärker entfernen wir uns von dem ursprünglich Gewollten, von unseren ursprünglichen Bedürfnissen. Ein Wollen z. B., das aus Trotz entsteht und auf dem Wunsch basiert, dass auf keinen Fall der andere ‚gewinnen' darf, überlagert unsere ursprünglichen Interessen. Im Laufe eines Konfliktes passiert es unbemerkt, dass wir unsere Interessen, weswegen der Konflikt einmal begann, aus dem Auge verlieren. Die Veränderung im Wollen führt im schlimmsten Fall zu einem Fanatismus. Wir verfolgen blind Positionen, die wir vehement verteidigen, ohne dass diese in friedlichen Zeiten Handlungsoptionen gewesen wären.

Der Konflikt hat uns feste in seinen Fängen. Unser Denken, Fühlen und Wollen hat sich verändert und hat uns verändert. Unser Konfliktpartner erlebt uns als veränderte Persönlichkeit und reagiert entsprechend darauf. Es entsteht eine Dynamik, die nichts mehr mit dem eigentlichen Interessenskonflikt zu tun hat, der dem Streit zugrunde liegt. Der Konflikt steuert uns (Abb. 4.2).

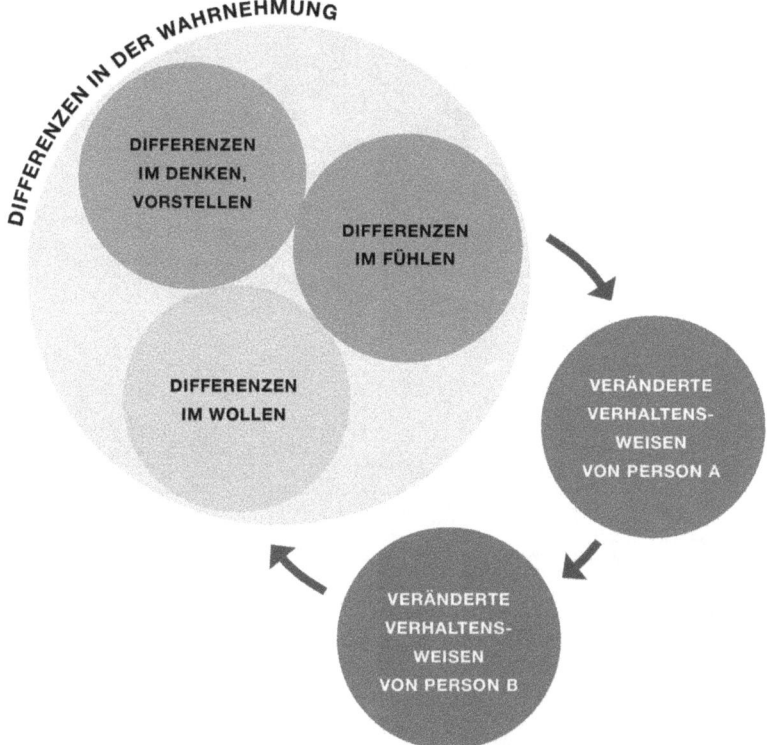

Abb. 4.2 Konfliktspirale, frei nach Friedrich Glasl

Gerade in Trennungssituationen, höre ich immer wieder die irritierte Frage: „Ich erkenne meinen Partner/meine Partnerin nicht mehr wieder. Wir haben zehn Jahre eine mehr oder weniger glückliche Ehe geführt, uns das Bett geteilt und uns geheimste Gedanken und Wünsche anvertraut und jetzt sitzt jemand vor mir, der mir in seinem Verhalten komplett fremd ist- wie konnte es dazu kommen?" Wenn Sie die Wahrnehmungsveränderung in der Konfliktspirale verstanden haben, dann können sie diesem verzweifelten Paar eine Antwort geben. Was bei diesem Paar passiert, ist die natürliche Dynamik von Menschen in eskalierten Konflikten.

Und wie kommt man da raus aus dieser Spirale? Davon handelt das nächste Kapitel.

5

Konfliktklärung

In diesem Kapitel fokussiere ich mich auf den Weg aus der Konfliktspirale hinaus. Frieden zu schließen und aus dem aufwühlenden Zustand des Konflikts in eine ruhigere Phase einzutreten. Unter Konfliktklärung versteht man üblicherweise Techniken der Konsensfindung, wie zum Beispiel Mediation oder Klärungshilfe. Diese basieren auf der Aushandlung von Lösungsmöglichkeiten und der Erarbeitung der Vereinbarungen zur Friedenssicherung. In diesem Buch geht es rein um das Verlassen der Konfliktspirale. Dieser Schritt ist die Grundlage zur Lösungsfindung und Beilegung eines Konfliktes.

Denken wir uns nochmals zurück in die Situation auf dem Höhepunkt des Konfliktes. Die Wahrnehmung auf der Ebene des Denkens, Fühlens und Wollens der Konfliktparteien ist verändert. Diese veränderte Wahrnehmung bedingt eine Veränderung im Handeln. Die Konfliktparteien erkennen sich gegenseitig nicht wieder, der Konflikt steht als bedrohlicher Riese vor ihnen. Längst geht es nicht mehr um die ursprünglichen Themen. Der Konflikt wird zum Konflikt über den Konflikt.

Wenn man eine Konfliktklärung anstreben, dann ist es wichtig, eine Klärung auf den drei Ebenen unserer Wahrnehmung herbeizuführen. Denken, Fühlen und Wollen stehen nicht in einem hierarchischen Verhältnis zueinander, keine dieser Ebenen ist wichtiger oder unwichtiger als die andere. In welcher Kategorie wir zuerst Erklärungsansätze finden, hängt nicht zuletzt mit unserer Persönlichkeitsstruktur zusammen. Für stark analytische Menschen zum Beispiel, ist die Klärung auf der Ebene des Denkens eher naheliegender und greifbarer als auf der Ebene des Fühlens. In einem sehr emotionalen Konflikt, zum Beispiel in der Familie- kann hingegen die Kategorie des Fühlens der erste Schlüssel zum Wendepunkt des Konflikts sein.

Nicht jeder Mensch, der im Konflikt steckt, hat schon mal darüber reflektiert, was diese Situation mit uns macht. Sie, als Leser dieses Buches, haben bereits ein Verständnis der Konfliktdynamik von Menschen entwickelt. Dieses Wissen hilft uns, in kritischen Situationen besser zu verstehen, was mit uns und unseren Konfliktpartnern passiert. Ich werde immer wieder gefragt, ob ich als Konfliktexpertin und Mediatoren selbst überhaupt noch Konflikte habe. Die Antwort ist: natürlich habe ich Konflikte. Und natürlich reagiere ich nicht immer lehrbuchmäßig und korrekt im Streit. Ich erlebe destruktive Gedankenmuster und unpassendes Verhalten bei mir, wenn ich mit jemanden in Konflikt geraten. Der Unterschied zu früher ist, dass ich etwas zeitversetzt wie auf einer Parallelspur genau sehe und erkenne, was ich gerade falsch mache und in welcher Dynamik ich gefangen bin. Das hilft nicht unbedingt im akuten Ärger, mein eigenes Verhalten zu ändern, jedoch im Nachgang gelingt es mir normalerweise, aus der Distanz auf die Geschehnisse zu schauen und zu sortieren, welches Verhalten konfliktgesteuert war und mich auf meine ursprünglichen Interessen zu fokussieren. Dabei musste ich lernen, nicht allzu streng mir selbst zu sein und mir, wie auch allen anderen, zuzugestehen, Fehler zu machen und in den Strudel eines Konflikts zu geraten. Es ist nicht das Ziel, keine Konflikte mehr zu haben. Wenn wir uns an den Scheinriesen Tur-Tur erinnern, der zum treuen Begleiter der beiden Romanhelden wurde, dann erinnern wir uns auch daran, dass Konflikte Entwicklung bedeuten und auch schmerzhaft Konflikte uns durchaus positive Impulse für unser weiteres Leben schenken. Konflikte vermeiden ist also nicht das Ziel, jedoch kraftraubende Eskalation und die schrittweise Entfremdung oder gar Verfeindung mit unseren Konfliktpartnern zu verhindern, ist erstrebenswert. Zuerst richten wir den Blick zu uns selbst: Was können wir tun, wenn wir hineingeraten sind in den Strudel eines Streits und wir uns wünschen, diesen Streit zu beenden. Versuchen wir uns darauf zu konzentrieren, was uns in diesem Moment der eigenen Involviertheit möglich erscheint. Wir gehen in die Selbstklärung.

5.1 Die Selbstklärung

Die effektivste Methode aus der Konfliktspirale hinaus zu kommen, ist uns bewusst zu machen, dass wir uns in dieser befinden. Das klingt banaler als es ist. Ähnlich wie Menschen mit Süchten und Abhängigkeiten, die sie sich nicht eingestehen (können), geht es uns im Sturm des Konflikts.

Da wir in diesem Zustand dem anderen die Schuld zuschieben, stellt es eine große Herausforderung dar, uns einzugestehen, dass auch wir unsere Wahrnehmung und unser Verhalten im Konflikt verändert haben und nicht nur der andere „seltsam" geworden ist. Um uns nicht zu überfordern, empfiehlt es sich, schrittweise vorzugehen. Am besten suchen Sie sich einen ruhigen Platz, wählen einen ruhigen Moment und bleiben für die Zeit der folgenden Selbstreflexionen und Überlegungen ganz bei sich. Zur Erinnerung: wir suchen im Konflikt Verbündete und wünschen uns von diesen ‚Konfliktkomplizen' Loyalität. Deshalb ist es wichtig, diese ersten Schritte der Reflexion unseres eigenen Verhaltens, alleine zu gehen.

Beginnen können Sie die Reflexion mit einer der Kategorien unserer Wahrnehmung, die sich im Konflikt verändert: dem Denken, dem Fühlen, dem Wollen.

Nehmen wir an, Sie beginnen mit „dem Denken":

Um besser zu verstehen, wie sich die Beziehung zu unserem Konfliktpartner entwickelt hat, ist es hilfreich eine Zeitschiene des Konflikts zu erstellen. Dieses zeitliche Protokoll sollte so genau wie möglich sein.

Zum Beispiel
Freitag, der 13. März- in der Kaffeepause beim Gespräch mit meiner Kollegin- erster Streitpunkt über die Sitzordnung im Büro.
Sonntag, der 15. März ca. 20.00 Uhr- Telefonat mit der Kollegin – Thema: Sitzordnung

---

Wichtig Die folgenden Fragen können Ihnen dabei helfen einen solchen Zeitstrahl des Konflikts zu erstellen:

- Wann gab es die erste Unstimmigkeit?
- Zu welchem Zeitpunkt haben sie für sich erkannt, dass sie im Konflikt sind?
- Wann haben Sie zum ersten Mal mit anderen über den oder die Konfliktpartner gesprochen?
- Wann hatten Sie zum ersten Mal starke Gefühle, wenn sie an den Konflikt dachten (Ärger, Traurigkeit, Wut, Verletztheit, Kränkung etc.)?

- Gab es weitere Ereignisse, die den Konflikt angeheizt haben? Wann und was genau?
- Gab es eine Zeit der Entspannung? Wann war diese?
- Wann haben Sie eine deutliche Eskalation wahrgenommen? (Einen „Point of No Return": jetzt ist der Konflikt so weit vorangeschritten, dass er sich nicht einfach so befrieden lässt)
- Zu welchen Zeitpunkten gab es Streitgespräche zwischen ihnen und dem oder den Konfliktpartnern?
- Welcher Zeitpunkt ist noch wichtig, in dieser Konfliktgeschichte?

Es gibt einen methodischen Hintergrund eine solche Zeitleiste für sich zu erstellen und
sehr gut darüber nachzudenken, in welcher Reihenfolge, was passiert ist: Wenn sich unser Denken im Konflikt verändert, dann geht häufig damit einher, dass wir der Reihenfolge der Geschehnisse andere Prioritäten geben. Die zeitliche Abfolge rückt häufig in den Hintergrund und präsenter ist das, was uns besonders betroffen gemacht oder getroffen hat. Wenn Konfliktbeteiligte die Geschichte ihres Konflikts erzählen, dann hören wir in der Praxis häufig sehr verschiedene zeitliche Abläufe und Zusammenhänge der Ereignisse. Konfliktpartner werfen sich gegenseitig vor, die Tatsachen zu verdrehen und die Unwahrheit zu sagen. Dies ist jedoch keine bewusste Strategie, sondern ein unbewusster Vorgang. In der Selbstreflexion hilft uns der Zeitstrahl und das Nachdenken über den Verlauf des Konflikts im nächsten Schritt, den Zusammenhang zwischen Aktion und Reaktion zu verstehen und sich bewusst zu machen, was in welcher Phase der Auseinandersetzung den Ausschlag dazu gab, dass sich der Konflikt verstärkt hat. Beim genauen Hinschauen erkennen wir Muster.

Beispiel

Zum Beispiel bei einem frisch getrennten Ehepaar, eskaliert der Streit immer bei der Übergabe der Kinder nach längeren Ferienaufenthalten. Oder bei zwei Kollegen gibt es dann Streit, wenn die Chefin auf längeren Dienstreisen und nicht im Büro ist.

Um diese Muster und die Dynamik des Konflikts und auch die Ebene des „Fühlens" genauer zu verstehen, ist es hilfreich, nun die wichtigen Etappen des Konflikt-Zeitstrahls detaillierter zu betrachten. Dazu schreibt man neben das Datum, was genau passiert ist, wie ich selbst reagiert habe, was der andere in meinen Augen getan hat und was mir ansonsten noch wichtig erscheint.

Zum Beispiel

- *Freitag, der 13. März- in der Kaffeepause beim Gespräch mit meiner Kollegin- erster Streitpunkt über die Sitzordnung im Büro.*
  - *Es ging darum, wer für eine Großraumbürolösung ist. Ich habe mich sehr deutlich (und ein bisschen hitzig) gegen die Meinung meiner Kollegin gestellt. Die anderen Kollegen sagten nicht, hörten uns aber zu. Meine Kollegin wurde ebenfalls lauter und der Ton zwischen uns war angespannt. Mein Telefon klingelte, deshalb verließ ich die Runde. Den ganzen Tag haben wir nichts mehr miteinander gesprochen. Ich war angespannt. Sie auch.*
- *Sonntag, der 15. März ca. 20.00 Uhr- Telefonat mit der Kollegin- Thema: Sitzordnung*
  - *Sie rief mich an, um über unseren Streit zu sprechen und die Frage der Sitzordnung zu klären. Das Gespräch eskaliert, es ging wieder um das Thema Großraumbüro. Ihr Ton wurde sarkastisch. Ich bin lauter geworden. Ich habe in Wut aufgelegt. Als ich nochmals angerufen habe, um mich dafür zu entschuldigen, ging sie nicht mehr dran. Seit diesem Moment war ich mir sicher, dass es zwischen uns keine schnelle Lösung gibt.*

In welcher Form diese Aufschriebe erfolgen, ist dem eigenen Geschmack und der eigenen Kreativität überlassen. Ich habe Konfliktleisten in Excellisten gesehen, als Tagebucheintrag und in Form von farbenfrohen gemalten Postern und Kollagen.

Wichtig Ein paar Fragen können dabei helfen, die Gedanken zu strukturieren. Nicht alle hier aufgeführten Fragen, sind auf alle Situationen zutreffend. Andere Fragen könnten relevant sein, denken Sie auch an diese und beziehen diese mit ein.

- Was ist an diesem Datum genau geschehen?
- Was habe ich getan oder wie habe ich reagiert?
- Was habe ich gedacht?
- Wie habe ich mich gefühlt?
- Wie ging es mir körperlich?
- Wer war noch dabei?
- Welche Rolle spielen die anderen zu diesem Zeitpunkt im Konflikt?

Wenn Sie den Weg ihres Konfliktes zurückverfolgt haben und die einzelnen Stationen gründlich betrachtet haben, sind sie bereits einen ersten Schritt aus der Konfliktspirale herausgegangen. Vielleicht haben Sie Muster erkannt in Ihrem Handeln oder Denken, die sich auf diesem steinigen Weg wiederholden. Es sind Muster ihres Konfliktes. Beide Konfliktpartner haben eigene Muster und es bildet sich ein gemeinsames Konflikt- oder Eskalationsmuster aller Beteiligten.

> **Beispiel**
>
> *Frau Bauer fühlt sich nach jeder Diskussion mit Frau Wilhelm gestresst und reagiert dann auch auf andere gereizt. In der Reflektion ihres Konflikts erkennt sie dieses Muster: immer nach diesen für sie aufreibenden Diskussionen mit Frau Wilhelm, hat sie mit ihren Kindern und ihrem Mann am Abend Streit. Der Auslöser des Streits am Abend ist, dass ihre Familie mit ihrer schlechten Laune konfrontiert ist und „nicht schon wieder etwas von dieser Frau Wilhelm hören möchte".*
>
> *Frau Wilhelm nehmen die Diskussionen mit ihrer Kollegin ebenfalls sehr mit. Sie verschwindet danach regelmäßig in einen früheren Feierabend, legt sich zu Hause aufs Bett und weint so lange, bis sie für sich beschließt, „Frau Bauer ist es nicht wert, mir mein Leben zu verderben". Das ist wie eine Art Mantra, das sie benutzt, um sich selbst zu beruhigen.*
>
> *Ein gemeinsames Konfliktmuster, ist der Zeitpunkt und der Rahmen ihrer Diskussion. Regelmäßig staut sich eine Spannung zwischen ihnen auf, die sich alle 3–4 Monate in einer dieser Diskussionen entlädt. Häufig passiert das, wenn es auch ansonsten stressig im Büro wird und jeder viel zu tun hat. Eigentlich ein ungünstiger Zeitpunkt, wie beide später reflektieren, da in Zeiten des ohnehin erhöhten Stresses, dann noch die Belastung des Konflikts einen Peak annimmt.*

Für die Selbstklärung und Reflexion der eigenen Handlung, könnten sich Frau Bauer und Frau Wilhelm Gedanken machen, wann genau der Konflikt auftritt und wie es zu diesen heftigen Diskussionen kommt? Was sind die sogenannten Zünder? Welche Handlungen oder Worte bedingen diese Eskalation? Was wird dann gesagt? Wie verändert sich der Ton? Je besser jeder im Nachhinein versteht, was er oder sie selbst gedacht hat oder ursprünglich wollte, desto klarer wird die Manipulation, die wir in der Konfliktspirale erfahren. Wir verstehen besser, wie sich der Konflikt auf das Denken auswirkt.

> **Wichtig** Um sich über das eigene „Fühlen" bewusst zu werden, kann es auch hier helfen auf einem Zeitstrahl zurückzugehen und zu überlegen, wie sich unserer Gefühle über die Zeit verändert haben. Oder z. B. eine Landkarte der Konflikte zu erstellen, mit Höhen und Tiefen und unterschiedlichen Gefühlsqualitäten.
> Leitenden Fragen können dabei sein:
>
> - Welches Gefühl habe ich zu Beginn des Konflikts gespürt?
> - Gab es noch andere Gefühle?
> - Wie haben sie sich im Laufe der Zeit verändert?
> - Gab es Anlässe, die einen solche Veränderung markiert haben?
> - Wo spüre ich die Gefühle?
> - Wie bemerke ich die Gefühle?

Wir haben keinen reichen Wortschatz, um Gefühle auszudrücken, desto wichtiger ist es zu ergründen, welche Qualität Die Gefühle haben, die wir empfinden. Eine Möglichkeit dies zu erfassen, ist zu beobachten, wo sich die unsere Emotionen körperlich zeigen: *Fühlt sich unser Hals eher zugeschnürt an, haben wir eine Schwere in der Brust, steht unser Kopf unter Druck oder fühlen wir uns schwindlig.* Es gibt noch viel mehr solche Beschreibungen von Sensationen starker Gefühle. Wenn wir in die Selbstreflexion gehen und eine Landkarte unserer Gefühle erstellen, dann ist es empfehlenswert, auch die positiven Gefühle mit aufzunehmen, die wir entweder vor dem Konflikt empfunden haben oder zu denen wir zurückkommen möchten. Selbst wenn es im Moment des Konflikts nicht mehr als ein Wunsch ist, das Fokussieren auf etwas Positives hilft uns dabei, unsere Ressourcen zu aktivieren und eine positive Vision für die Zukunft aufzubauen. Das wirkt motivierend und Motivation brauchen Menschen in Konfliktsituationen unbedingt.

Auch die Ebene des „Wollens" verlangt Selbstreflexion. Es geht um meine Interessen in diesem Konflikt und die damit verbundenen Bedürfnisse. In der Konfliktspirale gefangen, verschieben sich unserer Interessen. Das ursprüngliche Gewollte rückt in den Hintergrund und uns wird wichtig, dass vor allem der andere seine Positionen nicht durchsetzen kann. Es ist deshalb auch hier wichtig, eine Zeitreise zu machen und an den Anfang des Streits zu blicken.

> **Wichtig** Dabei können wir uns fragen:
>
> - Was wollte ganz am Anfang des Konflikts ich tun oder lassen, haben oder geben?
> - Was waren damals meinen Interessen und welches Bedürfnis steckt dahinter?
> - Wie haben sich meine Interessen im Laufe des Konflikts verschoben?
> - Welche Interessen sind jetzt für mich wichtig geworden, die mir davor nicht bewusst waren?
> - Welche Interessen sind mir heute besonders wichtig und welche Interessen, die ich im Konflikt geäußert habe, haben ihre Wichtigkeit verloren.

Konflikte lassen sich lösen. Je genauer wir wissen, was wir brauchen, um einer Lösung zustimmen zu können, desto besser lässt sich darüber verhandeln. Im eskalierten Konflikt beißen wir uns häufig an der einen Lösung fest: *Entweder es läuft so wie ich es will, oder ich mache nicht mit!*

Eine weitere hilfreiche Selbstreflektion im Konfliktfall ist daher, sich über *Kriterien* Gedanken zu machen, die eine Lösung erfüllen müsste, damit wir uns darauf einlassen könnten. Ich möchte an einem Beispiel veranschaulichen was mit *Kriterien* einer Lösung gemeint ist.

> **Beispiel**
> *Ina möchte Jonas zu einem Wochenendtrip einladen. Es soll eine Überraschung sein. Ina und Jonas kennen sich noch nicht sehr lange und Ina ist nervös, dass sie etwas auswählen könnte, was Jonas nicht gefallen könnte. Deshalb fragte sie Jonas: „Was sind für dich wichtige Merkmale, an denen du festmachen würdest, ob ein Wochenend- Ausflug gelungen war?" Jonas überlegt kurz und antwortet: „Es sollten nicht so viele Menschen um mich herum sein, damit ich zur Ruhe kommen kann. Gutes Essen ist mir wichtig und möglichst viel Zeit an der frischen Luft. Ich mag die Die Berge, immer, wenn ich dort war, fühle ich mich wie ausgelüftet."*
>
> *Ina kann anhand dieser Merkmale: wenige Menschen, Ruhe, gutes Essen, Zeit an der frischen Luft und Berge einen Wochenendtrip planen. Es gibt viele Möglichkeiten diese Kriterien zu erfüllen. Da sie Jonas nach Kriterien gefragt hat, bleibt ihr die Flexibilität ihn zu überraschen. Hätte sie Jonas gefragt, in welches Hotel oder auf welchen Campingplatz er gehen möchte und welches Programm er sich dort wünscht, wären die möglichen Optionen stark eingeschränkt gewesen, eine Lösung quasi vorgegeben und die Überraschung nicht mehr überraschend.*

Im Konflikt können wir diese Übung machen. Wir verwerfen bewusst in einem Gedankenspiel unsere bereits gefundenen Lösungen, die bisher bei unserem Konfliktpartner kein Gehör gefunden haben. Dann überlegen wir uns auf einem weißen Blatt Kriterien, die gute Lösungen für uns unbedingt erfüllen müssen.

Dabei fallen uns vielleicht Kriterien ein, die aus unserer Sicht zwingend erfüllt sein müssen, damit wir einer späteren Lösung zustimmen können und andere, die uns vielleicht nicht so wichtig sind. Je offener die Kriterien sind, desto besser können gemeinsame Lösungen gefunden werden: z. B. *Berge und nicht die Alpen oder Unterhalt und nicht 2450 €.* Wir öffnen damit den Verhandlungsspielraum und ermöglichen neue, gemeinsame und kreative Lösungen.

Selbstreflektion bedeutet harte Arbeit. Sie bereiten uns überraschende Erkenntnisse über uns- positive, aber auch dunkle, erschreckende. Es ist wichtig, dabei in der Ressourcenaktivierung zu bleiben und das Ziel nicht aus dem Auge zu verlieren: den Konflikt besser zu verstehen und einen Weg aus der Konfliktspirale zu finden.

Abgesehen von inneren Konflikten, gehören zu einem Konflikt in der Regel mindestens zwei Personen. Selbst wenn einer der Beteiligten den Konflikt reflektiert, drängt die Frage: Was ist mit den anderen Konfliktpartnern?

Es gibt zwei grobe Richtungen:

- die anderen sind ebenfalls bereit, sich selbst zu reflektieren und vielleicht sogar in eine gemeinsame Konfliktklärung einzusteigen.
- die anderen verweigern eine gemeinsame Arbeit an der Konfliktklärung.

Der erste Fall ist, Sie können es sich denken, eine günstige Ausgangslage. In meiner Erfahrung ist der wichtigste Schritt zur Konfliktklärung, die Erkenntnis und die Bereitschaft beider Parteien, den Konflikt befrieden zu wollen. Meines Erachtens ist das auch der Grund, warum Konfliktklärungsmethoden wie Mediation sehr hohe Erfolgsquoten erreichen (je nach Konfliktfeld geht man von zwischen 75 % und 90 % Konfliktklärung-Quote aus). Die Bereitschaft seinen Konflikt zu klären und die Einigung der Konfliktparteien auf einen Klärungsweg, eine Methode und einen geeigneten Moderator oder Mediator entspringt häufig aus dem Wunsch, Frieden zu schließen. Endlich die Belastung, die durch den Konflikt vielleicht über Jahre hinweg entstanden ist, aufzulösen und in Zukunft, die Beziehung neu zu gestalten. Welche Konfliktklärung und -klärer für welchen Konflikt passend sind, bedarf in manchen Fällen Beratung. Mein Tipp ist es, eine Kollegin oder einen Kollegen, die zertifizierte Mediatoren sind unverbindlich anzurufen, den Konflikt grob zu schildern und um eine Empfehlung bitten, welche Lösungsmethoden in Frage kommen. Um sicher zu sein, empfiehlt es sich, mit mindestens zwei Mediatorinnen/Mediatoren oder Konfliktklärungsexperten zu sprechen. Eine Konfliktklärung erfordert Offenheit und Offenheit erfordert Vertrauen. Wenn Sie sich für den Weg einer Konfliktklärung mittels eines neutralen Dritten entscheiden, sollten Sie auf Ihre Intuition nach dem Gespräch mit Anbietern hören und aktiv nach der Erfahrung der Kollegin/des Kollegen fragen. Neben den professionellen Klärungshelfern gibt es vielleicht Personen in ihrem Umfeld, die die Rolle eines Vermittlers übernehmen können. In diesem Fall ist es wichtig, dass diese Person neutral ist, von allen Parteien akzeptiert wird und nicht selbst Teil des Konfliktes ist.

Und natürlich können Sie es auch allein schaffen, einen Konflikt zu klären! Es empfiehlt sich vor einem Klärungsversuch die Eskalation des Konfliktes zu überprüfen. Tendenziell gilt, je höher der Konflikt eskaliert ist (s. Konfliktstufen), desto ratsamer ist eine Begleitung eines neutralen Dritten. Befindet sich der Konflikt auf den ersten drei Eskalations-Stufen (s. Konfliktspirale), ist die Klärung ohne fremde Hilfe möglich.

Leider gibt es auch den Fall, dass der andere sich verweigert, gemeinsam an der Konfliktklärung zu arbeiten. Häufig bekomme ich die Frage von Betroffenen gestellt, was sie dann tun können. Ist es möglich ganz allein aus der Konfliktspirale hinaus zu treten, selbst wenn der andere unverändert im Streit gefangen ist? Die Antwort ist leider nicht eindeutig und für alle Fälle zutreffend. Sie heißt Jein:

Ja, es ist möglich, selbst an einem Konflikt zu arbeiten und einen eigenen Weg, aus seiner Konfliktspirale zu finden. Es ist auch möglich, durch die Reflexion des eigenen Verhaltens und die Erkenntnisse darüber, was mit uns in einem Konflikt passiert, die Konfliktdynamik zu verändern. Und ja, es passiert in diesem Veränderungsprozess häufig, dass der Konfliktpartner plötzlich doch bereit ist, an einer Klärung aktiv mitzuarbeiten.

Das Nein bezieht sich auf die Möglichkeit, eine gemeinsame Lösung zu finden, wenn sich ein Gesprächspartner der Kommunikation vollständig verweigert.

Im nächsten Kapitel gehe ich darauf ein, was jeder für sich selbst tun kann, um den anderen zu verstehen.

5.2 Die anderen verstehen

Empathie, das Einfühlungsvermögen in andere, geht in Konflikten verloren. In der Wiederherstellung dieser Ebene, liegt nach meiner Erfahrung ein großes Potenzial für die Konfliktklärung. Erst wenn wir dazu bereit sind, die Bedürfnisse und die damit verbundenen Emotionen des anderen verstehen zu wollen, entsteht eine Grundlage der Konfliktbefriedung. Empathie ist die Basis moralischen Handelns. Fehlende Empathie ist gleichzeitig ein innerer Freibrief, rücksichtslos zu agieren. Am besten gelingt die Herstellung der Empathie, wenn sich beide um eine Befriedung bemühen und sich in einen gemeinsamen Prozess begeben. Die Bereitschaft den Konflikt zu klären, reicht allein nicht aus, um automatisch ein Verständnis für den anderen „anzuknipsen", sie ist jedoch eine wichtige Grundlage, die im Konflikt etablierten Muster zu verändern. Im Gespräch mit einem Konfliktkläre zum Beispiel einem Mediator, erfolgt die schrittweise Wiederherstellung der Empathie in der Regel durch die Lenkung des Gesprächs auf die Interessen und Bedürfnisse und die damit verbundenen Emotionen der Konfliktparteien. Der Mediator lässt im besten Fall an diesem Punkt nicht locker und fragt so lange nach den Interessen hinter den von den Parteien formulierten Position, bis er oder sie das Gefühl hat, die eigenen Interessen der Parteien sind herausgearbeitet und verstanden. Es gibt in der Mediation verschiedenste Techniken dies zu erreichen.

Ohne einen neutralen Konfliktvermittler aber mit der Bereitschaft beider, den Konflikt zu befrieden, gelingt die Wiederherstellung der Empathie auf ähnliche Weise. In einem Streitgespräch arbeiten wir häufig mit Positionen, die im Laufe der Zeit verfestigt werden und oft gebetsmühlenartig wiederholt werden. Den Unterschied zwischen Position und Interesse haben wir bereits bei dem Fall des Managers gesehen, der eine Gehaltserhöhung brauchte.

> **Beispiel**
>
> *Ein anderes Beispiel ist Herr und Frau Meier. Sie sind frisch getrennt und haben zwei Kinder. Der Konflikt dreht sich hauptsächlich um die Betreuungszeiten der Kinder: Herr Meier würde die Kinder gerne jedes zweite Wochenende sehen und zwei Tage in der Woche. Frau Meier steht auf der Position „jedes zweite Wochenende und keinen Tag mehr". Auf diese Positionen Wochenende+2 und Wochenende+0 beharren die beiden seit Monaten. Keiner der beiden weicht von seiner Position ab und keiner der beiden versteht eigentlich so richtig, warum der jeweils andere auf dieser Position beharrt.*

Ein Aspekt, warum Streitende auf einer Position beharren, liegt in der Tatsache, dass sie ein Nachgeben als einen „Gewinn" des anderen interpretieren. Dies wollen sie vermeiden. Wir erinnern uns, in der Eskalation eines Konflikts ist es uns lieber, dass wir unsere ursprünglichen Interessen nicht durchsetzen, solange auch der andere seine Interessen nicht durchsetzt und nicht „gewinnt". Irgendwann sind uns sogar unsere Interessen egal und es geht uns nur noch darum, dass der andere verliert, selbst um den Preis, dass auch wir dabei verlieren.

Der andere Aspekt im Ringen um die Standpunkte ist, dass die Parteien ihre Interessen hinter ihren Positionen nicht klären. So vertreten wir z. B. Positionen wie zum Beispiel, *jedes zweite Wochenende und keinen Tag mehr,* bei denen wir unsere eigenen Interessen, nicht vollständig reflektiert haben. Wir haben diese Position dann zum Beispiel angenommen, weil sie eine Gegenposition zu unserem Konfliktpartner ist oder weil ein solches Modell auch unsere Nachbarin praktiziert und wir nur dieses kennen. Oder aber diese Position basiert auf Interessen, die wir reflektiert haben, die wir aber nicht äußern möchten, weil sie uns vielleicht unangenehm sind oder wir uns nicht sicher fühlen, uns selbst zu offenbaren. In einem klärenden Konfliktgespräch ist dieser Schritt essenziell. Nur wenn wir selbst unsere Interessen kennen und diese auch offen unserem Gesprächspartner gegenüber formulieren und die dazugehörigen Gefühle benennen, haben wir eine Chance, dass diese Offenheit und Transparenz bei dem anderen eine Resonanz in Form einer aufkeimenden Empathie auslösen. Die Interessen zu benennen, ist ein notwendiger Schritt, um gute Lösungen zu finden. Gute Lösungen sollten möglichst viele der Interessen aller Partner berücksichtigen.

Beispiel

Frau Meier formuliert ihre Interessen hinter der Position Wochenende+0. Ein Aspekt fällt ihr besonders schwer zu formulieren. Frau Meier wurde von ihrem Mann verlassen und leidet immer noch sehr unter der Trennung. Ihren Exmann zu sehen, bereitet ihr großen Schmerz. Ein Grund warum sie die Position Wochenende+0 so vehement verfolgt, ist, dass sie die Kontaktpunkte der Übergabe der Kinder zum Vater minimieren möchte. Da sie nach den Übergaben sehr große Traurigkeit empfindet und viel Energie aufwenden muss, um wieder ins Lot zu kommen. Sie formuliert auch, dass ihr Interesse nicht ist, den Kindern den Vater vorzuenthalten, da sie weiß, wie wichtig er für die Kinder ist und dass er ein guter Vater ist

Diese Offenheit Ihr Interesse zu äußern, erforderte viel Kraft und Überwindung von Frau Meier. Das Bedürfnis, das dahintersteckt, ist Selbstschutz.

Herr Meier hat nicht damit gerechnet, dass seine Exfrau immer noch so stark unter der Trennung leidet. Jetzt versteht er besser, wie es zu dieser Haltung

> kommen konnte. Er ist bislang davon ausgegangen, dass es seiner Exfrau darum ging, ihm die Kinder vorzuenthalten. Er sieht, wie emotional seine Exfrau bei diesem Thema ist und wie viel Kraft sie die Verhandlung kostet. Er entwickelt ein Mitgefühl. Die Lösung, die die beiden am Ende finden, basierte auf beiden Interessen. Um die Kontakte zu minimieren, zumindest für die nächsten Monate, solange Frau Meier dieses Gefühl der Traurigkeit in sich hat, einigten sich die beiden darauf, dass die Kinder nicht unter der Woche zwei zusätzliche Tage zu ihrem Vater kommen, sondern jeweils an seinen Wochenenden von Donnerstagabend bis Montagabend bei ihm bleiben.

Es erfordert Mut und Ehrlichkeit mit sich selbst und dem anderen, die Interessen zu formulieren. Wichtig dabei ist, die Art und Weise, wie die Interessen und Bedürfnisse formuliert werden.

Eine Gesprächstechnik, die auch in der gewaltfreien Kommunikation verwendet wird, sind die „Ich- und Du- Botschaften". In der Konfliktkommunikation überwiegen die „Du- Botschaften".

Hintergrundinformation
Eine „Du-Botschaft" klingt z. B. so: *„Du kommst immer abends spät nach Hause und kümmerst dich nicht um die Kinder, das bleibt alles bei mir hängen. Du gehst mir auf die Nerven!"*

Als „Ich-Botschaft" würde sich das so anhören: *„Ich würde mir wünschen, dass du abends nicht zu spät nach Hause kommst und dich dann mit um die Kinder kümmern kannst. Ich fühle mich überfordert, wenn ich das am Abend allein übernehmen muss und das macht mich ärgerlich. Ich wünsche mir Unterstützung von Dir."*

Der Unterschied liegt darin, dass die erste Botschaft Vorwürfe enthält. Es sind hier Position formuliert, auf die der Angesprochene automatisch mit einer Gegenposition reagieren wird. Der Angesprochene fühlt sich angegriffen und schreitet zum Gegenangriff oder zieht sich zurück- je nach Ausprägung des individuellen Konflikttyps. Beide Handlungen jedoch führen nicht zu einer konstruktiven Kommunikation über die Interessen, die hinter der Äußerung liegen: hier- der Wunsch nach Unterstützung und nach Wertschätzung.

Bei der „Ich- Botschaft", steht die Selbstoffenbarung im Vordergrund. „Ich wünsche mir...", ist dabei ein wichtiger Satz. Der Fokus liegt nicht auf dem Vorwurf, was alles nicht passiert oder eingetroffen ist, sondern auf dem Wunsch, was passieren oder anders werden könnte. Dabei ist es wichtig, bei den „Ich-Botschaften", die mit dem Bedürfnis verbundene Emotion zu äußern. In diesem Fall, *„Ich fühle mich überfordert und es macht mich ärgerlich".* Je konkreter das Interesse benannt wird: „Ich bitte dich um Unterstützung", „ich wünsche mir Hilfe/Aufmerksamkeit" etc., desto besser kann der Andere das Gesagte verstehen. Je genauer die Beteiligten die damit verbundenen Emotionen versteht, desto besser gelingt es, sich in den anderen hineinzuversetzen und Empathie zu entwickeln.

Dieser offene Austausch über Interessen und den dahinterliegenden Bedürfnissen und Emotionen berühren die Bereiche des Fühlens und Wollens. Dies ist ein wechselseitiger Prozess. Ebenso wichtig wie das Verständlich machen unserer Interessen, ist es, dass wir die Interessen und Bedürfnisse des anderen verstehen.

> **Wichtig** Das gelingt am besten, indem man ganz direkt danach fragt:
>
> - Was ist Dir besonders wichtig an diesem Punkt ?
> - Was ist dein Bedürfnis, hinter dieser Forderung?
> - Welches Interesse hast du daran, das zu tun/zu lassen/zu ändern?
> - Welche Gefühle sind damit verbunden?
> - Was würde passieren, wenn sich nichts ändert? Wie würdest du dich dann fühlen?

Um möglichst genau zu verstehen, worum es dem anderen geht und gleichzeitig dem anderen das Signal der vollen Aufmerksamkeit zu schenken, bietet sich die Technik des „aktiven Zuhörens" an. Dabei ist es entscheidend im Jetzt des Gesprächs zu bleiben. Ohne Ablenkung die Konzentration auf das Gesagte des anderen zu legen. Diese Konzentration auf den Gesprächspartner, kam man zum Ausdruck bringen, in dem man seinem Gesprächspartner in die Augen schaut und zum Beispiel mit einem Kopfnicken oder zustimmenden Lauten, wie mmh, ja, aha, etc. verdeutlicht, dass man mit seinen Sinnen ganz bei dem Gesagten des anderen ist. Diese „sichtbare" Konzentration auf den Gesprächspartner, bestärkt ihn oder sie darin fortzufahren. Aktives Zuhören zeigt eine Wertschätzung für die Offenheit des anderen. Innerlich besteht die Herausforderung darin, das Gesagte so aufzunehmen, wie es gesagt wurde. Zuhören und nicht gleich zu interpretieren oder parallel Entgegnungen im Kopf zu entwickeln. Das ist leichter gesagt als getan. Wir entwickeln nicht nur in Konfliktgesprächen, sondern in beinahe jeder Kommunikation beim Zuhören sofort eigene Meinungen. Bei sehr kommunikativen Menschen kann das ein starker Reflex sein, sofort etwas zu entgegnen, etwas beizutragen. Der Fokus geht dann weg vom Zuhören und der Konzentration auf den anderen. Ich selbst stelle mich in den Vordergrund, wenn mir sofort eine eigene Geschichte zu dem eben Gesagtem einfällt. Ein Erlebnis, eine Idee, eine Gegenrede, die schon im

Mund sitzt und ungeduldig wartet herauszukommen, sobald der andere fertig ist. Gesprächspartner spüren dies und fühlen sich nicht gehört und schon gar nicht verstanden. Bei nach innen gewandten Menschen, passiert das häufig im Inneren, ohne dass sie alles Gedachte gleich laut aussprechen. Der Effekt jedoch ist ähnlich, schon nach kurzer Zeit eines Gesprächs, beschäftigen sie sich mit den eigenen Gedanken, anstatt erst einmal zuzuhören. Im Konfliktgespräch ist es das Zuhören ein wichtiges Signal gegenüber unserem Konfliktpartner und eine Methode besser zu verstehen. Wenn wir bewusst zuhören und das auch zeigen, unterscheidet sich das deutlich von der destruktiven Kommunikation, die in Konflikten vorherrscht. Den anderen wird das positiv überraschen, er oder sie wird dies wertschätzen und anerkennen und sich zum ersten Mal nach langer Zeit gehört fühlen. Sich gehört zu fühlen, ist die erste Stufe dazu, sich auch verstanden zu fühlen.

Die zweite Stufe des aktiven Zuhörens besteht darin, dass wir Fragen stellen. Verständnis Fragen, wenn wir das Gesagt nicht verstanden haben oder Vertiefungsfragen, wenn wir das Interesse hinter den Positionen noch nicht erfasst haben oder noch nicht gehört haben, wie sich unser Gesprächspartner eigentlich fühlt. Diese Fragen sollten gerade in einer Konfliktsituation nicht konfrontativ gestellt werden. Sobald sich der Gesprächspartner verbal in eine Ecke gedrängt fühlt oder das Gefühl hat, die Fragen sind rhetorischer Natur, die kein echtes Interesse an der Antwort erwarten lassen, wird die Gesprächsatmosphäre verletzt. Echtes Interesse und Fragen, die dazu führen, den anderen besser zu verstehen, lösen bei unserem Gegenüber das Gefühl aus, besser verstanden zu werden und sich öffnen zu können.

Die letzte Stufe des aktiven Zuhörens und ist das Zusammenfassen des Gesagten- auch paraphrasierten genannt. Hier geht es nicht darum, alles was der andere gesagt hat, zu wiederholen. Jedoch bei kritischen oder komplizierten Sachverhalten, bietet es sich an, das Gesagte nochmals in eigenen Worten zu wiederholen, um sicher zu gehen, dass man alles korrekt verstanden hat.

Hintergrundinformation
Zum Beispiel, nach einem Dialog der beiden Ehepartner über die Aufenthaltsregelung der Kinder: *„Habe ich dich richtig verstanden, dass du das Modell Wochenende + 2 deshalb nicht durchführen möchtest, weil wir dann häufige Kindesübergaben haben und es dich immer noch stark emotional mitnimmt, wenn du mich siehst?"*

Hier kann der Gesprächspartner entweder zustimmen: *„Ja, das stimmt. So habe ich es gemeint"* oder noch etwas hinzufügen in diesem Fall zum Beispiel *„Ja, ich bin noch nicht über unsere Trennung hinweg und jede Begegnung macht mich sehr traurig und es kostet viel Energie mich aus diesem Loch wieder herauszuholen".*

Diese Schleifen in den Dialogen helfen, ein besseres und tieferes Verständnis zu erzeugen. Es erfordert etwas Übung, Gesagtes eines Gesprächspartners wiederzugeben. Es empfiehlt sich, kleinere Einheiten zusammenzufassen und nicht erst am Ende ganze Gespräche. Zusammengefasst sollte das werden, was ich gehört habe und nicht was ich selbst interpretiere. Eine Regel dabei ist, stets die Rückversicherung einzuholen, dass das was ich verstanden und gerade zusammengefasst habe auch tatsächlich das Gemeinte ist. Bei diesem Prozess entsteht konstruktive Kommunikation, ein tieferes Verständnis für einander und die Basis der Entwicklung von Empathie. Dabei rutscht auch das ursprünglich Gewollte wieder in den Fokus des Gesprächs.

Was aber, wenn der andere sich verweigert und nicht für ein klärendes Gespräch bereit ist? Auf eigene Faust aus der Konfliktspirale auszubrechen erfordert Mut, Kraft und Selbstdisziplin. Während die Wahrnehmung des anderen sich im Konfliktmodus befindet, versuchen wir, mit konstruktiver Kommunikation den Streit zu deeskalieren. Den ersten Schritt dazu haben wir schon durch die Selbstreflexion unserer Konfliktdynamik vollzogen und vielleicht Muster erkannt, die wir in Zukunft durchbrechen möchten. Zum Beispiel: *„wenn sie schreit, schreie ich nicht auch"*. Diese Veränderung des Verhaltens, wirkt sich auf die Gesamtdynamik des Konflikts aus und wird beim Konfliktpartner, der noch nicht bereit ist, sich aktiv mit der Konfliktdynamik zu beschäftigen, Irritationen hervorrufen. Ein konstruktives Verhalten in einem eskalierten Konflikt ist beim anderen nicht unbedingt gerne gesehen. In der Konsistenz unseres Konfliktdenkens stört es uns, wenn die andere zum Beispiel plötzlich Ruhe bewahren bei unseren sonst sehr lautstarken Auseinandersetzungen. Es kann dazu führen, dass sich die Konfliktspirale bei unserem Konfliktpartner noch etwas weiterdreht. Unser verändertes Verhalten wird in der Regel nicht positiv interpretiert, sondern als List, als Manipulation oder ein Sich- Verstellen ausgelegt. Jetzt braucht es Geduld, um den anderen zu zeigen, dass man es ernst meint, mit der konstruktiven Kommunikation. Das Verändern der „Du- Botschaften" in „Ich-Botschaften" ist entscheidend. Wenn wir die Gelegenheit dazu bekommen, ist es hilfreich, unsere Interessen hinter unseren Positionen zu erklären. Wir können nicht erwarten, dass diese Bedürfnisse und damit verbundene Emotionen vom anderen gleich aufgenommen werden. Das erfordert Geduld und Durchhaltevermögen und die Reflexion, dass der oder die andere sich in einem Konflikt-Zustand befinden, in dem Empathie nicht möglich ist. Die Chance besteht jedoch darin, dass sich durch unser geändertes Verhalten die Konfliktdynamik grundlegend verändert. Verhalten ist wechselseitig. Die Provokationen, Spitzen und gegenseitigen

Verletzungen, werden von uns nicht mehr mit ebendiesem beantwortet. Sie werden gespiegelt, in dem wir zum Ausdruck bringen, wie sehr uns das Gesagte gerade zum Beispiel verletzt und was wir eigentlich gerade besprechen wollten, als wir auf ihn oder sie zu gingen. In der Regel verändert ein stetes deeskalierendes Verhalten nach einiger Zeit die Dynamik zwischen den Streitenden und es öffnet sich ein Fenster der Bereitschaft zur Konfliktklärung beim anderen. Diese einseitige Deeskalation erfordert viel Kraft, innere Klarheit und Geduld.

Und was, wenn der andere gar nicht mit uns sprechen möchte? Auch das passiert in Konflikten immer wieder. Die Kommunikation ist abgebrochen. Alle gut gemeinten Versuche diese wieder aufzugreifen, scheitern. Es bringt in einer solchen Situation nichts, dem anderen hinterherzureisen und zu betteln, flehen, toben, er möge doch mit uns sprechen. Kommunikation und Konfliktklärung sind immer selbstbestimmt und freiwillig. So sehr das schmerzt, wir können niemanden zwingen mit uns zu reden, wenn er oder sie das ablehnt. Wir sind mit uns allein. Es bleibt die Möglichkeit alle konfliktrelevanten Themen, die man mit sich selbst klären oder ins Reine bringen kann, zu bearbeiten. Seine eigenen Muster erkennen, seine eigenen Interessen, Bedürfnisse und Emotionen für sich erarbeiten. Und Abschied zu nehmen, davon, dass dieser Konflikt befriedet wird. Loslassen, trauern und sich von dem Thema und dem damit verbundenen Menschen, soweit es geht, emotional zu lösen, sind heilende Schritte.

Den versöhnlichen Blick auf das Gute des Konflikts und die daraus gewonnenen Erkenntnisse wenden. Was hat mir dieser Konflikt über mich gezeigt? Was habe ich über meine Muster im Denken, Handeln und Fühlen im Konflikt erkannt und wie kann ich es in ähnlichen, wiederkehrenden Situationen anders machen?

Hat man sich erst einmal innerlich gelöst und vielleicht sogar Frieden damit gefunden, dass dieser Konflikt nicht geklärt sein wird, wird man nicht selten davon überrascht, dass sich die Möglichkeit einer Kommunikation plötzlich und unerwartet öffnet. Typischerweise nach großen Veränderungen im eigenen Leben zum Beispiel Kinder bekommen, Scheidung, Tod eines Angehörigen, schwere Krankheit, freudiger Studienabschluss, Beförderung im Beruf, Arbeitslosigkeit, Corona Lock down und ähnliche Einschnitten, verändert sich unser Blick auf Wichtiges und Unwichtiges in unserem Leben. Prioritäten verschieben sich. Nicht gelöste Konflikte scheinen im Angesicht der großen Lebensveränderung entweder besonders belastend und die Motivation steigt, diesen Ballast über Bord zu werfen oder sie wirken in der Gegenwart äußeren „Katastrophen" so banal, dass man sich fragt, warum die Fronten eigentlich zu verhärtet sind und ob sich dieser Schmerz lohnt. Und so kommt es immer wieder überraschend dazu, dass Menschen, die mit Kontaktabbruch auf Konflikte reagiert haben, den Faden der Kommunikation wieder aufnehmen. In diesem Fall steht das Tor zum verlassene Konfliktspirale weit geöffnet.

5.3 Frieden schließen

Frieden schließen, das klingt groß. Die meisten Menschen assoziieren Frieden mit Krieg.

Auch wenn es bei den meisten Konflikten zum Glück nicht um die mit Waffengewalt ausgetragene totale Vernichtung geht, befinden sich die Streitenden im Auge der Konfliktspirale in einem belastenden Ausnahmezustand. Wie es gelingen kann, diesen unguten Kreislauf zu verlassen, haben Sie in den letzten Kapiteln gelesen. Erst wenn die Konfliktparteien ihre Wahrnehmung hin zur Normalität verändern, entsteht eine Basis der Lösungsfindung. Diese gemeinsamen Festlegungen, haben die Funktion eines Vertrages. Dazu kann es nötig sein, tatsächlich ein Vertragswerk mithilfe von Anwälten und Notaren auszuhandeln. In anderen Fällen reicht eine mündliche Vereinbarung. Zweck ist die Sicherung des Friedens im Moment und in der Zukunft. Die hohe Kunst der Lösungsfindung ist das Erreichen eines Konsenses. Ein Konsens, der im Kap. 3 ausführlich beschrieben wurde, soll hier nochmals in Erinnerung gerufen werden. Er ist dann erzeugt, wenn alle wichtigen Interessen der Verhandlungspartner darin berücksichtigt werden. Wer es schafft, einen Konsens zu finden, der hat gute Chancen darauf, dass diese Lösung nachhaltig ist und von allen Parteien akzeptiert und angenommen wird. Um einen Konsens zu finden, braucht es häufig kreative Lösungen:

> **Beispiel**
>
> *Dominik spielt mit dem roten Auto und Ina möchte auch mit dem roten Auto spielen. Es gibt aber nur ein rotes Auto. Das Gezeter ist groß. Um hier einen Konsens zu erzeugen braucht es Erfindergeist. Dominik und Ina sind kreativ. Das rote Auto bekommt einen Sonderstatus. Es wird ein Podest gebaut und das Auto wird ausgestellt. Es ist das Maskottchen der selbst gebauten Stadt und alle anderen Autos fahren drumherum. Keiner darf das rote Auto berühren aber beide dürfen es bewundern.*

Manchmal geht es in einem Konflikt aber gar nicht um eine ausgehandelte oder gar vertraglich festgelegte Lösung. Vor allem in sozialen Konflikten, wenn das Thema sich um Wertschätzung, Anerkennung Vertrauen oder Respekt handelt, dann steht nicht im Vordergrund, am Ende eine Vereinbarung zu treffen. Wie sollte diese auch lauten? *„Heute möchte ich zweimal am Tag Wertschätzung von dir"*, oder *„Ab morgen 12:00 Uhr, vertraust du mir wieder zu 90 %"*? Bei diesen Konflikten geht es darum, ein Verständnis des anderen über die eigenen Bedürfnisse zu erreichen. Das Unverständnis, das zum Konflikt führt, kann z. B. durch Missverständnisse, Unachtsamkeit oder auch durch unterschiedliche kulturelle Sozialisation und damit verbundener Erwartungen und Wünsche entstanden sein. Der Konflikt ist dann ein Aushandlungsprozess auf der Basis des gegenseitigen Verstehens. Nicht eine Lösung am Ende ist entscheidend, sondern die Tiefe, Aufrichtigkeit und Offenheit der Auseinandersetzung und zu welchem Grad es gelungen ist, ein gegenseitiges Verständnis zu entwickeln.

Ob nun der Weg des Konfliktes das Ziel ist oder eine Vereinbarung das Ende des Konflikts markiert, es empfiehlt sich, nach jedem Konflikt Frieden zu schließen: Die Konfliktklärung ist ein langwieriger und kräfteraubender Veränderungsprozess. Ebenso wie der Konflikt plötzlich aufgetaucht ist und ein Anfangspunkt existiert, sollte er auch ein Ende haben. Frieden schließen ist wichtig, um dieses Ende zu markieren. Der Konflikt ist vorbei, es brechen neue Zeiten an. Diese neuen Zeiten sind nach großen Konflikten nicht die Anknüpfung an alte friedliche Zeiten. Der Konflikt hat seine Spuren hinterlassen, er hat uns verändert. Die jetzt beginnenden Friedenszeiten stehen unter anderen Vorzeichen.

Frieden bedeutet die Abwesenheit von Störung oder Beunruhigung. Über alle Kulturen hinweg existieren Friedenszeichen und Rituale der Befriedung. Friedenspfeife, Friedenstauben, Friedenstänze, gemeinsame Friedensfeste sind nur einige davon. Diese Rituale helfen, den erreichten Zustand zu festigen. Es entsteht ein Commitment der Beteiligten zur gemeinsam errungenen Einigung. Wir wissen aus der Commitment-Forschung, dass die Wahrscheinlichkeit der Verfolgung von Vorsätzen dann erheblich steigt, wenn die Beteiligten sich dazu bewusst bekennen. Die Erklärung liegt darin, dass wir bestrebt sind, das zu tun, was wir gesagt haben. Dies ist abermals das psychologische Prinzip der Konsistenz. Es hat die Macht, menschliches Handeln zu steuern und wird immer wieder als eines der zentralen psychologischen Motive beschrieben. Die Forschung kommt zu dem Schluss, dass wir nach Konsistenz in unserem Handeln und Auftreten streben und dass dieses Bestreben dazu führt, dass wir auch Dinge tun, derer wir uns nicht bewusst sind oder die wir ohne den bestehenden Mechanismus der

Konsistenz nicht tun würden. Wir haben das Prinzip bereits bei der Verhaltensveränderung von Menschen in Konflikten kennengelernt.

Die meisten Menschen haben das Bedürfnis in ihren Worten, Überzeugungen und Taten konsistent zu sein und zu erscheinen. Diese Neigung zur Konsistenz speist sich vorwiegend aus drei Quellen: Konsistenz wird in der Gesellschaft ein hoher Wert beigemessen, hat sich im Alltag gut bewährt (Vermeiden von Hin und Her zu vieler kleiner Entscheidungen) und bietet eine Art Schnellverfahren, das den Umgang mit der Komplexität des modernen Lebens erleichtert.

Die Sozialpsychologie beschreibt den Auslöser des Einflusses der Konsistenz auf unser menschliches Handeln im Commitment, also der Bindung an oder der Festlegung auf etwas. Sobald man einmal einen Standpunkt eingenommen hat, besteht die Neigung, konsistent bei diesem Standpunkt zu bleiben.

Ein einmal getroffenes Commitment hat einen Einfluss auf das Selbstbild, wenn dieses aktiv und freiwillig getroffen wurde. Eine Methode, um Konsistenz zu erzeugen, ist das Formulieren eines Commitment.

Der Konsistenzdruck auf das Selbstbild eines einmal festgelegten Commitment besteht auf zwei Ebenen. Intern existiert die Bestrebung, das Selbstbild in Einklang mit den eigenen Handlungen zu bringen; und von außen spüren wir den Druck, dieses Bild der Sicht anzupassen, das andere von uns haben.

Beim Friedenschließen ist es deshalb entscheidend, wie bewusst und intensiv diese Geste vollzogen wird. Ich animiere Konfliktparteien bewusst dazu, dieses Ritual zu vollziehen. Es kann ein ausgiebiger Händedruck sein, eine Umarmung, ein langer Auge- in Auge Blick, ein gemeinsamer Brief, ein gemeinsames Essen, ein Spaziergang, das Vergraben der Konfliktbox, ein Feuer alter Lasten, ein Geschenk. Ich habe in meiner Praxis schon viele Varianten erleben dürfen. Wichtig ist es, dass sich alle Konfliktbeteiligten dabei wohl fühlen und dass die Geste bewusst durchgeführt wird und nicht beiläufig oder nebenbei erfolgt und sie aufrichtig ist. Schon die gemeinsame Suche nach der passenden „Friedenszeremonie" ist ein Moment der Leichtigkeit. Der Fokus geht vom Konflikt und dem was war weg zu etwas Neuem, der Besiegelung des Friedens. Ich ermutige Sie dazu, auch bei Konflikten in der Arbeitswelt das Ende bewusst zu markieren. Es müssen keine großen Gesten sein, ein echter Händedruck, ein gemeinsames Essen und ein gesprochenes Commitment zu der gefundenen Lösung, stabilisieren bereits die Vereinbarung.

Erst wenn wir den Frieden gefunden haben, schätzen wir unsere Konflikte als Quellen der Veränderung. Und erst, wenn wir in der Konfliktspirale gewandelt sind, wissen wir um die wohltuende Ruhe im Zustand des Friedens.

GPSR Compliance

The European Union's (EU) General Product Safety Regulation (GPSR) is a set of rules that requires consumer products to be safe and our obligations to ensure this.

If you have any concerns about our products, you can contact us on

ProductSafety@springernature.com

In case Publisher is established outside the EU, the EU authorized representative is:

Springer Nature Customer Service Center GmbH
Europaplatz 3
69115 Heidelberg, Germany

www.ingramcontent.com/pod-product-compliance
Lightning Source LLC
LaVergne TN
LVHW020332260326
834688LV00037B/1000